하나님이 고치지 못할 사람은 없다

박효진 (소망교도소 부소장)

에젤

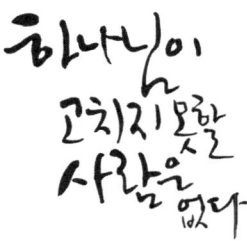

초 판 1쇄 발행 2017년 11월 1일
10쇄 발행 2022년 6월 22일

지은이 박효진
펴낸이 강미경
편 집 강미경
삽 화 박효진
디자인 투에스

펴낸곳 에젤
전 화 010-3594-3929
팩 스 0303-0950-3929
이메일 happyending49@hanmail.net
출판등록 2012년 5월 21일, 제2012-10호
입금계좌 신한은행 110 368 770 566

ⓒ 박효진, 2017
ISBN 978-89-98058-06-7 03230

에젤 출판사는

◆ 신랑으로 다시 오실 예수 그리스도의 돕는 배필(히브리어 ezer)로서
  주님의 길을 준비하는 책을 펴냅니다.

◆ 왕 되신 예수 그리스도를 모시고 가는 나귀(독일어 Esel)의 사명을 감당하는
  책을 만듭니다.

사형장을 천국의 문으로 바꾼
믿음의 실체에 대한 생생한 증언

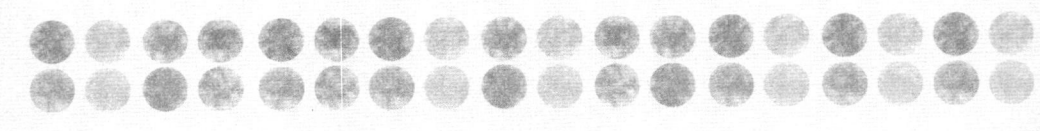

차례

책을 열며 7

1장 사형수 정호성 15

유별난 아침 19
예정된 만남 24
대결 28
죽여라! 33
예수의 이름으로 37
하나님은 아무도 포기하지 않는다 53

2장 부르심 59

종교전쟁 68
개종을 하긴 했는데… 74
제사 지내기 싫다! 81
교도소로 부르시다 87

3장 청송, 죽은 자의 땅 93

충돌 95
증오 103
지옥에서 온 박 주임 107
뚫려 보이다! 111
네가 나의 성전임을 모르느냐? 114
거듭남 125

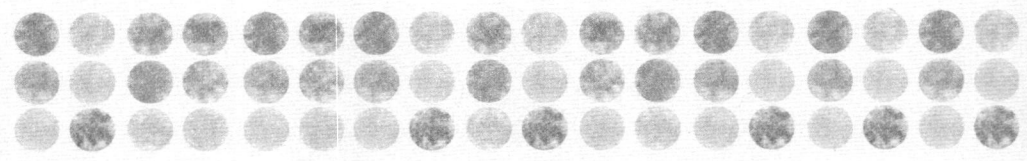

4장 산 자의 땅으로 139

옛 것은 지나고 146
영호의 "있잖아" 147
흙 묻은 성경책 155
종삼이의 십일조 162
운동회 음모 176
진짜로 죽을 뻔했네 186

5장 사형장에 열린 문 197

니 죽을 준비 됐나? 199
하나님의 아들로 살러 갑니다 225
진작 사줄 것을! 230
아름다운 사형수 영희 233
슬피 울며 이를 갈이 있으리라 242
죄인 오라 하실 때에 날 부르소서! 248

책을 닫으며 267

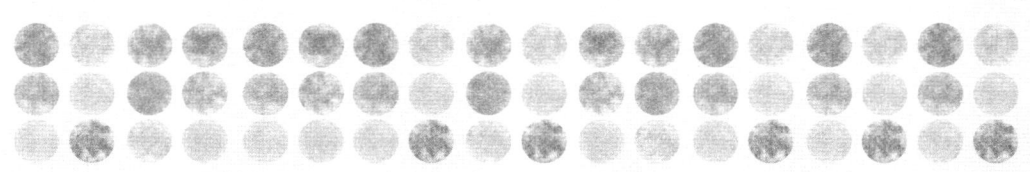

✽ 일러두기

1 성경구절은 개역개정 성경에서 인용했습니다.
2 등장인물의 이름 중 일부는 가명입니다.

책을 열며

성동구치소에 근무하던 어느 초겨울.

출근하려고 막 방문을 나서는데 전화벨이 울렸습니다. 아내가 수화기를 들고 몇 마디 대화를 나누며 내 쪽을 쳐다보는 모습으로 보아 내게 걸려온 전화 같았습니다.

"미정아, 아침부터 니가 웬일이고! 우리 장로님? 막 출근할라꼬 나가는 중인데, 바꿔주까?"

미정 씨는 아내의 고등학교 후배로, 부부가 참 뜨겁게 주님을 사랑하는 사람들입니다.

'이렇게 아침 일찍 왜 나를 찾을까?'

의아한 마음으로 전화를 받았습니다.

"장로님, 남편이 얼마 전 중국에 선교용 비디오를 촬영하러 다녀왔는데요… 거기서 너무 기막힌 이야기를 들어서 전해드리려고 전화했어요."

다급하면서도 들뜬 그녀의 목소리에 저는 출근길 바쁜 시간도 잊어버린 채 전화통을 붙잡고 있었습니다.

"남편이 머물던 중국 교회에 두 달 전 북한을 탈출해서 숨어든 청년이 있었대요. 원래 그는 북한의 지하교회에서 하나님을 믿게 됐고 성령세례까지 체험했다더군요. 청년은 감격으로 가슴이 터질 것 같아 도저히 북한에 머물 수 없었대요. 그래서 위험을 무릅쓰고 국경을 넘어와 중국에 사는 조선족들에게 미친 듯 복음을 전했던 거지요."

"그래서요?"

"그러다 그만 밀고를 당해서 북한으로 압송돼 갔대요. 그런데 일 년 정도 수용소에서 생활하다 극적으로 탈출해서 다시 중국으로 나왔다는군요."

차츰 흥미가 생겼습니다.

"청년은 죽음을 각오하고 또 복음을 전했대요. 그는 늘 '이번에 붙잡히면 틀림없이 총살당하겠지만 그날까지 열심히 복음을 전할 수 있다는 게 너무 기쁘다'며 참으로 신나게 살았대요."

"……"

"그런데… 그런데 말이에요…."

갑자기 그녀의 목소리가 떨렸습니다. 목이 멘 것도 같았습니다.

"다시 붙잡혀 가기 바로 며칠 전에 우연히 장로님의 간증 테이프를 듣게 됐답니다. 청년은 사형수 형제들이 밧줄 앞에서도 믿음으로 하나님을 찬양하고 예수님을 전하며 하늘나라로 가는 이야기를 들으면서 얼마나 울고 또 울었는지 모른대요."

갑자기 코끝이 찡해왔습니다.

뜨거운 덩어리가 마음 깊은 곳에서 꿈틀댔습니다.

"그 청년이 붙잡혀 가면서 이렇게 말했대요. 자기도 이제 사형수 형제들처럼 원 없이 웃고 찬송하며 하늘나라로 갈 수 있다구요. 누구든지 남한 땅의 박효진 장로님을 만나면 자기의 이 감사한 마음을 꼭 전해주시라구요…."

끝내 미정씨는 울고 말았습니다.

수화기를 내려놓고 출근하는 제 눈에도 홍건히 눈물이 고였지요.

이름도 얼굴도 모르는 북한의 그 청년.

가슴에 총탄을 맞고 뜨거운 피를 흘리며 황량한 북녘 어느 외진 곳에서 짚단같이 쓰러졌을 그. 육신의 생명이 끝나는 순간에 그 역시 남한의 어느 장로가 전한 사형수들의 최후 감동을 함께 느끼며 살아계신 하나님께 찬송을 불렀으리라.

그가 마지막으로 끌려가며 외쳤다는 한마디.

"누구든지 남한의 박효진 장로님을 만나면 내가 너무나 감사했다고 전해주시라요!"

그 말이 제 영혼의 밑바닥에서 늘 저를 독려하고 있습니다.

생명의 소식을 전하라고!

그 이야기에 걸맞는 삶을 살아가라고!

많은 곳에 부름받아 가서 간증하면서도 그가 외치는 이 음성 앞에선 늘 부끄럽고 안타까웠습니다. 제한된 시간과 장소에서 전하는 말씀이기에, 부족한 저를 통해 나타내신 하나님의 놀라운 섭리와 은총을 일일이 다 전할 수 없기 때문입니다.

그래서 오랫동안 생각하다가 이렇게 글을 쓰게 됐습니다.

제가 경험한 하나님의 은혜를 차근차근 나누고 그의 능력과 사랑을 함께 느끼면서 느슨해진 신앙의 허리띠를 다시 한번 바짝 졸라매는, 긴 세월 살아오다 잃어버린 감격과 감사를 되찾는 작은 계기가 됐으면 참 좋겠다는 소박한 바람으로 말입니다.

지금은 하늘나라에서 구름같이 둘러선 믿음의 선진들과 함께 우리의 남은 경주를 응원하고 있을, 이름 모를 북한의 그 청년에게 이 책을 드립니다.

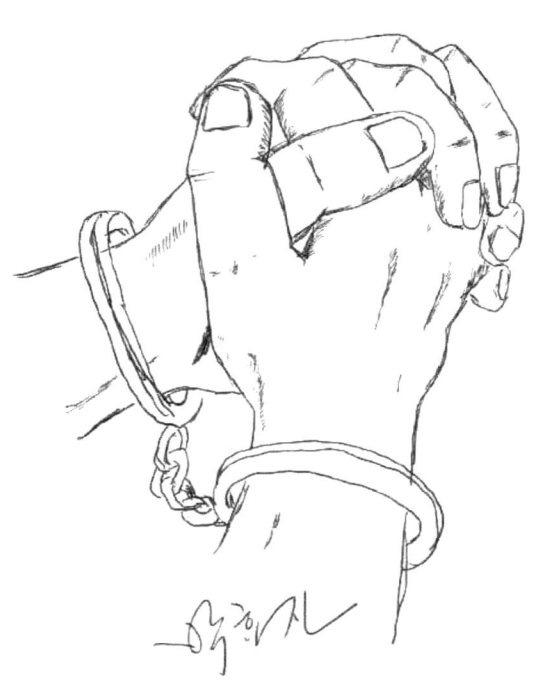

사형수 정호성

1995년 11월 어느 날.

날카로운 전화벨 소리가 새벽의 정적을 깨고 울렸다.

서울구치소에 근무하는 후배 교도관 정 집사의 전화였다.

"장로님, 오늘 사형집행이 있는데, 오셔서 마지막 가는 형제들에게 기도해주실 시간이 있겠습니까?"

당시 나는 성동구치소 보안계장으로 근무하면서 사무관 승진시험 준비에 막바지 박차를 가하던 중이었다. 늦은 나이에 공부한다는 심리적 부담도 컸고, 설상가상으로 뚜렷한 원인도 없이 오른발 복숭아뼈에 심한 염증이 생겨 육체적으로도 괴로웠다. 정 집사가 전화한 그날, 나는 경찰병원에서 수술받기로 돼 있었다.

"사형집행이라꼬요? 누가 오늘 집행을 당한단 말입니꺼?"

정 집사가 더듬거리며 사형대상자들을 열거해 나가던 중, 호성이의 이름이 튀어나왔다. 나는 뒤통수를 후려맞는 듯한 충격에 잠시 아찔했다.

"호성이가 틀림없심니꺼?"

"맞습니다, 장로님. 오실 수 있겠습니까?"

호성이가 오늘 사형집행 당한다는 말을 들으니 당장 서울구치소로 달려가고 싶은 마음이 간절했다. 그러나 한편으론 의사의 말이 귓전을 때렸다.

"환자 양반, 정말 공무원 맞아요? 세상에, 이 지경이 되도록 대체 뭐 하다가 이제 왔습니까? 이 환부는 복합뼈 바로 옆인데, 까딱 잘못하면 골막염으로 진행될 가능성이 큽니다. 즉시 수술하지 않으면 위험해요!"

오늘이 바로 그 수술 날인데….

머릿속이 다시 복잡해졌다.

그러나 이 땅을 떠나가는 형제들과 특히 호성이를 위해 기도해주고 마지막 순간을 함께하는 것이 수술보다 더 중요하다는 확신에 곧바로 집을 나섰다.

양쪽 겨드랑이에 목발을 받쳐 짚고, 아내가 운전하는 차에 올라 부랴부랴 서울구치소로 달려갔을 땐 이미 집행이 시작된 지 한참 지난 후였다. 보안과장의 승낙을 받고 사형장으로 들어가 보니 한때 세상을 떠들썩하게 한 지존파의 김현양이 막 집행됐다고 했다.

"압구정동 야타족을 더 죽이지 못한 게 분하다!"

표독스러운 얼굴로 외치며 인육까지 먹었다는 그가 많은 사람의 관심과 사랑에 힘입어 예수님을 구주로 영접하고 살다가, 마지막 순간에 "큰 죄인이 분에 넘치는 사랑만 받다가 먼저 갑니다"라는 아름다운 신앙고백을 남긴 채 떠났다고 정 집사가 눈물을 글썽이며 귀띔해주었다.

숨 돌릴 틈도 없이 호성이의 순서가 됐다.

사형장으로 연결된 지하실 계단을 직원들에게 이끌려 묵묵히 밟는 그의 모습이 보였다. 계단을 거의 다 올라와서 무심코 고개를 든 호성이의 눈과 내 눈이 마주쳤다. 큰 눈을 더 크게 뜨고 나를 바라보는 그의 눈에 불쑥 눈물이 차올랐다.

"아버지! 어떻게 여길 오셨어요?"(호성이와 나는 믿음 안에서 부자 관계를 맺었다)

원래 사형집행은 철저한 보안 속에서 이루어지는 법이다.

그런데 멀리 성동구치소에서 근무하는 내가 그 아침에 서울구치소 사형장에 나타났으니 놀랍기도 했으리라.

"아들 천국 가는 날인데 안 와볼 수 있나? 주님만 꼭 붙들고 마음 단단히 묵거래이. 믿음으로 이겨야 한다. 알것제?"

호성이가 빙긋 웃으며 말했다.

"걱정 마세요. 준비는 벌써 돼 있어요. 그런데 정말 어떻게 알고 오신 거예요?"

"연락받고 왔다. 그나저나 호성아, 니 겁 안 나나? 떨리지는 않나?"

"전 괜찮아요. 지금까지 산 것만도 감사할 뿐인 걸요."

이렇게 말하던 호성이가 그제야 내 목발을 보고 화들짝 놀랐다.

"아버지! 어디 아파요? 다쳤어요? 교통사고가 났나요?"

그는 숨 돌릴 틈도 없이 화살 같은 질문을 퍼부어댔다. 목발 짚은 내 양팔을 잡은 채 이리저리 살펴보며 안타깝게 묻는 호성이를 바라보고 있자니 마음에 울컥 뜨거운 것이 치밀었다. 이제 곧 밧줄에 매달려 죽음을 맞아야 하는 절박한 순간에 기껏 내 다친 다리 따위에나 신경을 쓰다니.

"괜찮타. 쪼금 곪았을 뿐이야. 곧 나을 끼니 걱정 마래이."

나는 호성이가 눈치 채지 못하도록 소매로 눈물을 훔쳐냈다.

이윽고 사형집행을 위한 마지막 절차가 시작됐다.

지휘부의 맞은편 자리에 앉은 호성이를 향해 소장이 인정신문을 했다. 본인 여부를 확인하는 과정을 거친 후, 각자의 신앙에 따라 종교의식을 가지고 유언하는 순서가 이어졌다.

사람이라면 누구나 극도의 긴장과 공포에 사로잡힐 자리임에도, 호성이는 죽음의 두려움을 잊어버린 듯 평안하고 태연한 모습으로 오히려 모든 사람을 압도하고 있었다.

집행에 앞선 절차가 전부 마무리돼갈 무렵, 소장이 마지막으로 종교행사를 하겠느냐고 물었다. 그는 기다렸다는 듯 밝은 표정으로 "네" 하고 대답했다.

마지막 임종예배를 드리기 직전, 호성이는 바로 옆에 앉은 내 손을 꼭 잡으며 한 번 더 근심스레 물었다.

"정말 아프지 않아요? 곧 낫기는 한대요?"

아기처럼 천진난만한 표정으로 내 얼굴을 응시하는 그의 깊고 맑은 눈동자를 보며, 내 기억은 거꾸로 돌아가는 시곗바늘을 타고 그와의 첫 만남을 향해 내달렸다.

_ 유별난 아침

문민정부 출범 초기.

정치·사회·경제·문화 등 여러 분야에 대한 개혁과 사정 열풍이 한창일 당시, 나는 서울구치소 생활지도계장으로 근무했다. 매일같이 입소하는 전직 국회의원·장관·장성·기업체 대표 등 사회지도층 인사들을 수용하고 관리하느라 밤낮없이 뛰어다니다 보니 몸과 마음이 극도로 피곤했다.

그러던 9월의 어느 새벽, 후다닥 잠을 깨니 벌써 6시가 넘어 있었다.

"아이고, 하나님! 명색이 장로라 카면서 새벽기도를 빼묵다니… 죄송합니더."

나는 눈도 바로 뜨지 못한 채 엉금엉금 기다시피 책상 밑으로 들어가 대충이라도 기도를 때우려고 자세를 잡았다. 하나님 앞에서 한심하고 죄송해서 말도 제대로 나오지 않는 터라 대강 체면치레 기도로 마무리할 생각이었다.

그런데 평소에 좀처럼 체험할 수 없었던 엄청난 감동이 위로부터 온몸을 휘감는 게 아닌가! 지금까지 나름대로 열심히 신앙생활을 한다곤 했지만 웬만해선 맛보기 힘든 성령님의 충만한 임재였다. 나는 영혼을 뒤덮는 벅찬 기쁨에 오히려 어리둥절했다.

혹 예배시간이나 깊은 기도 중이라면 모르겠거니와, 늦잠을 자다 말고 엉거주춤 엎드려 있는 상황에서 이런 크나큰 은혜를 부어주시다니! 어쨌든 이 기막힌 은총이 나를 포근하게 뒤덮자 뜨거운 눈물이 양 볼을 타고 흐르기 시작했다.

정말 별난 아침이었다.

'이 어마어마한 은혜의 분량을 보아하니 오늘은 틀림없이 귀한 영혼을 구원하는 대역사가 있겠구나.'

비록 정도엔 차이가 있지만 평소에도 이런 특별한 체험을 주신 날엔 어김없이 놀라운 전도의 열매가 맺히곤 했기에, 이날은 하나님께서 보통 때보다 더 기뻐하실 일이 일어나리란 확신을 가지고 출근길에 올랐다.

'오늘은 특히 더 조심해야제. 악한 영들이 먼저 알아차리고 내 혈기를 일으켜서 하나님의 일을 방해하려고 할 게 뻔하니, 내사 오늘은 뭐든 꾹 참는 날이다!'

서울구치소 정문엔 큰 기둥 두 개가 좌우에 버티고 서 있다.

91년 11월에 이곳으로 발령받아 오던 첫날, 정문을 들어서자마자 제일 먼저 나를 반겨준 게 바로 이 기둥들이었다.

그날 이후 나는 문을 드나들 때마다 크게 바쁘지 않으면 늘 그것을 쓰다듬으며 우리 구치소의 평안과 안전을 위해 기도해왔다. 나는 기둥의 이름을 야긴과 보아스라 불렀다(성경에서 이는 성전을 떠받치고 있는 두 기둥의 이름이다. 열왕기상 7:21, 역대하 3:17 참고).

그날도 나는 야긴과 보아스 기둥을 붙들고 간절히 기도했다.

'주님, 오늘은 믿음 안에서 꼭 승리하도록 해주이소. 아침에 주신 은혜를 그르치지 않도록 도와주이소.'

출근하는 직원들마다 기도하는 나를 힐끔힐끔 쳐다보며 지나갔다. 아침부터 눈을 지그시 감고 뭐라 중얼대며 큰 기둥을 쓰다듬는 모습이 이상해 보였나 보다. 그러나 내 마음은 기쁨과 기대로 한없이 설레기만 했다.

자리에 앉자마자 밀린 보고서가 봇물처럼 쏟아졌다.

컴퓨터 앞에서 자판이 부서지도록 손가락을 놀리면서도 내 마음은 하나님이 이루실 거대한 사건에 집중돼 있었다.

그러나 종일 이어지는 일, 일, 일들.

머릿속엔 아침에 주셨던 은혜의 신호가 끊임없이 맴도는데, 별다른 사건 하나 없이 벌써 밖은 어둑어둑해졌다. 전도는커녕 기도 한 번 못한 채 폐방시간(교정시설에서 저녁 인원점검이 끝난 후 모든 감방문을 잠그고 열쇠를 보안본부로 반납하는 시간. 일단 폐방하면 긴급환자 등을 제외하곤 절대 문을 열어 재소자를 밖으로 나오게 할 수 없다)이 지나버렸다. 어느덧 밤 9시를 가리키는 시계를 보니 정말 허탈했다.

하나님도 실수하실 때가 있나?

아침부터 설레도록 기다렸던 대역사는 끝내 일어나지 않았다. 허전한 마음으로 퇴근준비를 하며 주섬주섬 서류들을 챙기는데, 밖에서 소란스러운 발자국 소리가 들려왔다.

복도를 쳐다보니 100여 명은 됨직한 사람들이 초췌한 모습으로 대열을 지어 내 방 앞을 지나고 있었다. '서울국립호텔 무료 투숙객들' 이 그날도 변함없이 들어오는 중이었다. 저마다 고개를 숙인 채 앞 사람의 어깨에 손을 얹고, 마치 기차놀이 하듯 줄지어 걸어가는 신입 재소자들을 바라보며 나는 속으로 혀를 찼다.

'쯧쯧, 뭣 때문에 죄를 짓고 저런 모습으로 들어 오노? 지 한 몸 고생하는 것도 애탈 일인데 가족들 가슴에 대못까지 박아놓고….'

매일 반복되는 신입행렬이기에 새삼스러울 것도 없는지라 별 관심 없이 다시 책상 위로 눈길을 돌리는 순간, 뭔가 평소와는 다른 모습 하나가 불쑥 눈앞을 스쳐가는 게 느껴졌다.

얼른 고개를 들어 문 쪽을 쳐다봤으나 이미 아무도 보이지 않았다. 하지만 직원 서너 명이 한 사람을 에워싸서 데려가는 모습이 내 망막에 선명한 잔상으로 남아 있었다.

평범한 신입 재소자는 여러 명이 기차놀이 하듯 대열을 지어 걸어간다. 그러나 저런 식으로 유독 한 사람을 따로 호송할 땐 특별한 이유가 있는 법이다. 나는 아무도 보이지 않는 복도를 향해 크게 고함질렀다.

"거, 밖에 방금 지나간 게 누구여?"

요행히 내 목소리를 들은 직원 하나가 되돌아와 삐쭉 얼굴을 디밀고 대답했다.

"계장님, 장위동 일가족 다섯 명 살해 암매장 사건의 범인입니다."

_예정된 만남

며칠 전 서울 성북구 장위동에서 친부모와 친형, 형수, 조카 등 다섯 명을 죽여서 집 마당에 암매장했다는 끔찍한 사건보도를 접하고 전율을 금치 못한 적이 있었다.
그런데 바로 그 장본인이 여기 온 것이다.
갑자기 온몸이 긴장으로 팽팽해졌다.
오늘 아침 그렇게 놀라운 은혜를 주신 이유가 혹시… 이 사람 때문은 아닐까?
"이리 데리고 와보소."
신입실로 향하던 그가 직원들에게 이끌려 내 사무실로 들어왔다. 자그만 키, 곱슬진 머리, 큰 눈망울 외엔 뚜렷한 특징이 없는 그를 보며 나는 적잖이 놀랐다. 교도관이라는 직업 특성상 수많은 범법자를 대하다보면 웬만한 범죄형은 직감으로 알아차릴 수 있다.
그런데 그를 보아하니 살인은커녕 남의 돈 백 원도 뺏을 만한 위인이 못됐다. 그냥 사람을 죽인 것도 아니고, 친혈족을 다섯이나 죽여서 마당에 파묻은 희대의 흉악범을 앞에 놓고 이런 앞뒤 안 맞는 생각이

들다니! 나는 내 판단력을 의심하지 않을 수 없었다.
 여하튼 그와 조용히 이야기를 나누려면 양옆에 서 있는 직원들부터 내보내야 했다.
"그만 가보소."
"안 됩니다. 이런 흉악범은 위험해요."
 직원들은 한사코 옆에서 경호하겠다고 고집을 부렸다.
"혼자 힘으로도 자신 있으니까 안심하고 가소. 무슨 일 있으면 부를 테니."
 그들은 못내 찜찜한 표정으로 하는 수 없이 바로 옆의 보안과 사무실로 돌아갔다.

 두 사람만 남은 방 안엔 기묘한 긴장이 감돌았다.
"니 이름이 뭐꼬?"
 묵묵히 나를 바라보던 그가 머뭇거리며 대답했다.
"정호성입니다."
"몇 살이고?"
"ㅇㅇ살입니다."
"그래, 우짜다가 그런 엄청난 일을 저질렀노?"
 그때였다.
 갑자기 그가 반대편으로 고개를 홱 돌렸다.

내가 그의 귓전에 입을 대고 큰 소리로 어깨를 뒤흔들었지만 아무 소리도 못 듣는 듯, 벽에서 눈을 떼지 않았다. 자세히 살펴보니 그의 시선은 어느 한 점을 바라보는 게 아니라 움직이는 물체를 따라다니는 듯했다. 가끔 움찔 놀라거나 입속으로 뭐라 웅얼거리는 형상이 영락없는 정신착란증 환자의 모습이었다. 그의 어지러운 옆모습을 보고 있자니 문득 성경구절 하나가 떠올랐다.

우리의 씨름은 혈과 육을 상대하는 것이 아니요, 통치자들과 권세들과 이 어둠의 세상 주관자들과 하늘에 있는 악의 영들을 상대함이라 _에베소서 6:12

틀림없이 어떤 악령이 그의 주변에서 역사하고 있다는 확신이 들었다.

"니 옆에 뭐가 와 있제?"

내 말이 떨어지자마자 호성이는 화들짝 놀라며 나를 향해 몸을 돌리더니, 벌떡 일어서서 내 양손을 꽉 움켜잡았다.

순간 마음속에 비상경고등이 켜졌다.

사람을 다섯이나 죽인 이 친구가 돌연 나를 공격해온다면?

손을 붙잡혔으니 최악의 경우에 내가 사용할 수 있는 무기는 이마뿐인지라, 나는 온몸의 힘을 머리에 모으며 여차하면 받아버릴 셈으로 그의 눈동자를 뚫어져라 응시했다. 그러나 뜻밖에도 그의 눈엔 공격의 빛은커녕 오히려 물기가 배어났다.

"아… 아저씨가, 어… 어떻게 그걸 알아요?"

상상치 못한 호성이의 반응이 당황스러웠지만 나는 짐짓 태연한 척 대답했다.

"보이진 않지만 느낄 줄은 알제. 내가 예수 믿는 장로인데 잘 알고말고. 우선 이 손 놓고 좀 앉거라."

엉거주춤 자리에 앉는 그의 볼이 밀려 나오려는 울음으로 씰룩댔다.

"경찰서에서 저놈 얘기를 했지만 아무도 믿어주지 않았어요. 검찰에서 조사받으면서도 말했지만 모두 나를 정신병자 취급만 했는데…."

그는 울음을 터뜨렸다. 답답한 마음을 알아주기만 해도 속이 시원하다는 그의 등을 다독여 진정시키며 내가 말했다.

"호성아, 우짠 일인지 말해봐라. 겁내지 말고. 이 세상 사람들이 다 니를 안 믿어준다 캐도 나는 믿을게."

자리에 앉아 훌쩍거리던 그가 비로소 입을 열고 어디서도 들어본 적 없는 기막힌 이야기를 꺼내놓았다.

_대결

공부는 많이 못 했지만 천성이 어질던 그는 어떤 여자를 만나 동거하게 됐다. 변변한 직장 없이 살다 보니 경제사정이 어려워 자주 부모의 도움에 의지할 수밖에 없었는데 시간이 갈수록 냉대를 받았다. 여의치 않은 사정에 짜증이 떠나지 않던 어느 날, 난생처음으로 호성이는 무시무시한 체험을 했다.

살인을 저지르기 3일 전, 돌연 이상한 물체가 나타난 것이다. 어찌 보면 머리를 풀어헤친 여자 같기도 하고, 또 어떻게 보면 괴상한 짐승 같기도 한 두 모습이 흐늘흐늘 겹쳐진 형체였다.

이것이 밤낮 가리지 않고 비웃는 듯한 표정으로 그의 주변을 빙글빙글 맴돌았다. 밥을 먹을 때도, 길을 갈 때도, 화장실에서조차 떠나지 않을 뿐 아니라, 그의 뒤쪽에 있을 때도 훤히 보이도록 따라다녔다. 그렇게 삼일 밤낮을 꿈속까지 쫓아다니는 이 야릇한 존재 때문에 그는 미칠 지경이 됐다.

처음에 더듬대며 시작한 그의 이야기가 제법 술술 풀려 나오자 내 호기심이 커졌다. 호성이의 이야기가 사실이라면 지금 저 벽 어디선가 그 악한 영이 우릴 쳐다보고 있으리란 생각에 섬뜩하면서도 한편으론 흥미가 당겼다.

"호성아, 니가 말하던 그게 아직도 여기 있나?"

주위를 힐끔 둘러본 그가 벽 쪽을 가리키며 말했다.

"저, 저기 있네요."

기분은 꺼림칙했지만, 그 이상한 존재가 내 눈에도 보이면 좋겠다는 장난기 어린 생각마저 하면서 호성이에게 다음 이야기를 재촉했다.

그런데 그가 채 몇 마디도 하기 전에 갑자기 내 몸이 부르르 떨리더니 소름 끼치는 두려움이 엄습해왔다. 먹은 것을 다 토할 것처럼 속이 메슥거렸다. 이렇게 극심한 공포를 경험한 건 난생처음이었다. 이가 딱딱 맞부딪힐 정도로 떨고 있는 나 자신을 이해하기 힘들었다. 조금 전까지만 해도 전혀 무서움을 느끼지 않았을 뿐 아니라, 어릴 때부터 유난히 담이 차서 웬만한 것엔 겁이란 걸 모르고 살아온 내가 이 정도에 공포를 느끼다니!

그때 문득 떠오르는 생각이 있었다.

'육신의 눈엔 안 보이지만 분명 존재하는 악령들이 무더기로 나를 향해 총공격을 가하는 모양이다. 이 싸움을 이기는 방법은 기도밖에 없대이!'

나는 의자에서 벌떡 일어나 두 주먹을 불끈 쥐고 기도하기 시작했다. 싸움의 상대가 보이지 않으니 옆에 앉은 호성이를 마주보고 기도

할 수밖에 없었다.

"하나님! 이 악한 영들을 예수님의 이름으로…."

그런데 기도가 이어지지 않았다.

간단한 말도 연결이 안 되고 단어도 떠오르지 않았다. 내 의식세계 전부가 악령들의 집중공격을 받아서 그런가보다 싶어 필사적으로 기도를 이어가려는데, 한줄기 걱정이 머리를 스쳤다.

'호성이가 또 저것한테 덮어 씌어서 내 머리통을 냅다 쳐버리믄 우짜노? 눈 감고 기도하다간 대항 한 번 못해보고 죽을지도 모르니 오늘만큼은 눈을 뜨고 기도해야겠다.'

나는 감았던 눈을 부릅뜨고 호성이를 정면으로 바라보며 발악에 가까운 기도를 하기 시작했다. 조용히 앉아 대화하던 내가 느닷없이 실성한 사람처럼 주먹을 휘두르며 고래고래 고함을 질러대니 호성이가 놀랐나보다. 자리에서 반쯤 일어나 휘둥그레진 눈으로 나를 오히려 이상스럽게 쳐다보았다.

그러나 사력을 다해 기도하는데도 나는 강력한 힘에 계속 밀리는 걸 느꼈다. '이래선 안 되겠다. 이기지 않으면 큰일난다'는 강박관념에 기도는 어느덧 방언기도로 바뀌었다.

그 황당한 상황 가운데 문득 사도행전 19장의 사건이 떠올랐다.

이방 제사장 스게와의 일곱 아들은 바울이 귀신 쫓아내는 것을 보고 흉내를 냈다. 그랬더니 악귀가 "내가 예수도 알고 바울도 아는데 니는 누구고?" 하며 그들 위에 홀라당 올라타니, 그들이 옷을 몽땅 벗어 던지고 온 성을 뛰어다녔다는 사건 말이다.

 '큰일났대이. 나도 오늘 이것들한테 덮어 씌어버리면 그들같이 홀랑 벗고 구치소 안팎을 뛰어다녀야 할낀데.'

 더욱 절박해진 나는 목이 터져라 방언기도를 해댔다.

 내 앞에 엉거주춤 서 있던 호성이도 놀랐지만, 옆 사무실에서 이쪽에 신경을 곤두세우고 있던 직원들은 더더욱 놀랐다. 희대의 살인마와 '할렐루야 계장' 단둘이 있는 방에서 깊은 밤에 터져 나오는 요상한 고함소리에, 필시 무슨 일이 벌어졌다고 여긴 그들이 손에 교도봉(진압용 무기)을 들고 내 사무실로 뛰어 들어왔다.

 그들 눈에 얼마나 희한한 광경이었을까?

 박 계장은 눈을 부릅뜬 채 이상한 말로 악을 써대고, 살인범은 놀란 눈으로 멀거니 바라보고 있는 데다, 더욱이 내가 달려온 직원들에게 '안심하고 가라'는 뜻으로 한쪽 손을 휘휘 내저어대니 영락없는 미치광이로 보였으리라.

 머리를 갸웃대던 그들이 돌아가고 다시 호성이와 둘이 남아 기도를 계속하면서도, 대체 언제까지 이러고 있어야 하는지 갑갑해지기 시작했다.

'에라, 모르겠다. 이왕 시작한 일 끝까지 가보자!'

내 기도소리는 이미 한계를 넘어섰다.

얼마 동안을 그렇게 기도했을까?

내 몸과 영을 휘감고 있던 역겨운 공포가 순식간에 사라지고, 오늘 아침에 맛보았던 기쁨이 햇살처럼 나를 적셔왔다.

이겼구나!

그런데 반응은 오히려 호성이 쪽에서 먼저 나타났다.

엉거주춤 서 있던 그가 용수철 튀어 오르듯 벌떡 일어나 사방을 두리번거리더니 갑자기 오른쪽으로 한 바퀴 빙그르르, 반대편으로 다시 빙그르르 한 바퀴 돌았다. 그렇게 사방을 확인한 그가 손바닥을 탁 치면서 외쳤다.

"아저씨, 갔어요! 없어요! 사라졌어요!"

그리고는 자기 이마에 손을 갖다 대며 "이렇게 머리가 개운할 수 없어요. 날아갈 거 같아요" 했다. 울음을 터뜨리는 그의 어깨를 도닥이며 내가 말했다.

"도망간 거 나도 알겠다. 이제 걱정 말고 아까 하던 이야기나 마저 해봐라."

_죽여라!

그 악한 영의 역사가 시작된 지 사흘 후 호성이는 아버지에게 돈을 얻으러 갔다. 그러나 퇴짜만 맞고 빈손으로 2층에서 내려오는데, 바로 그 악령이 앞을 턱 가로막으며 첫 명령을 내렸다.

"올라가서 죽여라!"

처음엔 그도 말이 되지 않는다고 생각해서 강력히 대항했다. 그러나 거역할 수 없는 단호한 힘이 짓눌러오자 자신도 어쩔 수 없는 상황으로 내몰리는 것을 느꼈다.

"저 신발장을 열면 큰 망치가 있으니 그걸 들고 가서 네 에미 애비를 죽여라!"

그는 악령에게 눌린 채 망치를 찾아들고는 막 잠든 부모를 그 자리에서 죽였고, 다시 악령의 지시에 따라 아래층으로 내려와서 자고 있던 형님 내외와 건넌방의 어린 조카까지 무참히 살해했다.

미친 듯 망치를 휘둘러 다섯 명을 죽이고 난 후에야 정신을 차려 보니, 자신이 생각해도 어이없는 일이 벌어져 있었다.

멍하니 앉아 있는 호성이에게 악한 영이 다시 명령했다.

"삽을 들고 따라 나와. 내가 도와줄 테니 빨리 구덩이를 파고 시체를 묻어라."

지시에 따라 삽을 들고 나가자 그 악령이 삽자루에 걸터앉는데 마치 모래땅처럼 수월하게 파였다. 순식간에 혼자서 다섯 구의 시체를 다 묻을 만큼 큰 구덩이를 파고 암매장했다는 것은 경찰이 볼 때 아무래도 미심쩍은 일이었다. 그래서 공범이 있을 거라 판단하고 이 분야에 수사력을 집중했다는 후문도 있었다.

결국 범행사실이 드러난 그는 체포됐다.
후회와 갈등으로 몸부림치는 그를 악령은 또다시 압박해왔다.
"네가 무슨 낯짝으로 이렇게 사나? 부모와 형과 형수, 심지어 조카까지 죽인 살인자가 뻔뻔스럽게 살아 있다니! 이젠 네 차례다. 네가 죽어라!"
'맞아! 나 같은 게 무슨 인간이라고 살겠나? 나처럼 흉악한 범죄자가 또 어디 있겠는가? 나는 죽어야 해. 살 가치가 없어.'
그래서 경찰서 유치장에 있을 때 몇 번이나 자살하려고 했지만 주변에 워낙 사람이 많아 쉽지 않았다.
나를 만나던 날 아침, 악령은 "오늘 구치소로 넘어가니 절대로 밤을 넘기지 말고 죽어라"는 명령을 내리며 러닝셔츠를 찢어 줄과 올가미 만드는 법, 창틀에 매는 법까지 텔레비전 화면처럼 훤히 보여주었다. 그래서 악한 영이 가르쳐준 대로 죽으려는 마음을 먹고 서울구치소로 입소하던 바로 그날 밤에 나를 만난 것이다.

하나님의 시간표는 얼마나 완벽한지!

아침에 주셨던 은혜의 의미가 이제 분명해졌다.

펑펑 울면서 내 손을 꼭 잡은 그에게 나는 구원의 복음을 전했다.

"호성아, 얘기를 듣고 보니 니는 어쩔 수 없이 사형이다. 혹시라도 살 길이 있나 생각도 하지 마래이. 그런데 이 땅에선 사형을 당하더라도 내세엔 구원을 얻어야 하지 않겠나. 하나님은 니를 용서해주실 수 있으니 예수님을 믿어야 한대이."

나는 그의 눈을 바라보며 영접의 결단을 요구했다.

그런데 그의 반응은 의외였다.

고개를 좌우로 흔들며 하나님을 믿지 않겠다는 것이다.

"아무리 하나님이라도 나를 용서할 순 없지요. 하나님의 하나님이라도 어찌 나를 용서할 수 있겠습니까? 죄도 웬만해야지, 나처럼 큰 죄를 지은 사람은 절대 안 돼요."

나는 동원할 수 있는 모든 성경구절과 사례를 들어가며, 아무리 큰 죄라도 덮으실 수 있는 예수님의 십자가 은혜를 전하고 속죄의 기회를 마련해주려고 필사적으로 애썼다. 그러나 그의 태도는 단호했다.

"아저씨, 하나님이라는 분이 그렇게 나를 용서해주실 수 있다 해도 내 양심으론 도저히 용서를 구할 수 없어요. 사랑하는 가족들을 다 죽여 놓고 이제 와서 용서해달라는 건 너무 염치없는 짓입니다. 다

싫고, 그냥 이렇게 살다가 죽고 싶어요."

아무리 설득해도 요지부동인 채로 시간은 벌써 새벽 한 시를 넘어서고 있었다. 초조해진 나는 최후의 수단으로 일종의 협박을 동원했다.

"호성아, 아까 그 흉측한 귀신이 아직도 여기 있나?"

그는 사방을 두리번거리더니 없다고 했다.

"아까 그 귀신이 와 쫓겨간 줄 아나? 내가 무서버서 갔겠나, 니가 무서버서 갔겠나? 내가 믿는 예수님이 겁나서 도망간 기라. 니가 예수님 안 믿고 그냥 감빵으로 들어갔는데, 그게 문 뒤에 숨었다가 '까꿍' 하면서 또 들러붙으믄 우짤래?"

순식간에 그의 표정이 심각해졌다.

"안 돼요! 이제야 이렇게 머리가 시원한데 또…."

"그라믄 방법은 하나밖에 없대이. 예수님만 믿으면 아까 도망간 그런 귀신은 열 트럭이 몰려와도 아무 걱정 없다카이."

결국 호성이는 악령에 대한 두려움 때문에 자의 반 타의 반으로 예수님을 영접하겠다는 뜻을 표했다. 나는 사영리를 중심으로 간단하게 복음을 전하고 영접기도를 시킨 후, 내가 가지고 있던 성경책과 찬송가를 선물로 주었다. 그리고 뒷장 여백에 다음과 같이 써주면서, 꿈에라도 그 더러운 것이 나타나면 크게 외칠 수 있도록 달달 외우라고 했다.

"나사렛 예수 그리스도의 이름으로 명하노니, 이 사악한 귀신아 내게서 떠날지어다!"

호성이는 황망한 표정으로 책을 받아들고 마침내 직원에게 이끌려 자기가 거주할 방으로 들어갔다. 그의 뒷모습을 바라보는 내 마음은 착잡하기만 했다.

제발 하나님의 은혜로 구원받아야 할 텐데….

호성이의 뒤를 따라 이는 9월의 새벽바람이 스산했다.

_예수의 이름으로

그날 이후 내 마음은 온통 호성이에게 가 있었다.

힘든 수용생활에 적응하기엔 그의 정신상태가 너무 약해서 걱정이 안 될 수 없었다. 한번 찾아가 보려 해도 넘치는 업무에 파묻혀 마음만 급했지 몸은 옴짝할 수 없는 상태로 며칠이 후딱 지나고 말았다.

결국 그가 입소한 지 3일쯤 됐을 때야 비로소 그를 찾아가 보았다. 철창 너머 방안을 들여다보니 아홉 명이 수용돼 있는데, 호성이는 벽에 기대어 성경을 보고 있었다.

다른 수용자들은 뭘 하나 살펴보니 가관이었다.

어떤 이는 반쯤 엎드려 바둑을 두고, 어떤 이는 만화책을 읽고, 더러는 잡담하거나 낮잠을 자고…. 그나마 영적(?)인 분위기를 내보이는 사람은 호성이 뿐이었다.

담당직원을 불러 문을 열라고 해서 방안으로 들어섰다.

나를 발견한 수용자들이 흠칫 놀라서 자세를 바로 하곤 의아하게 쳐다보았다. 그때까지 성경읽기에 몰두하느라 내가 들어온 것도 모르고 있던 호성이가 어색해진 방 분위기를 느끼고 고개를 들었다. 나와 눈이 마주친 순간, 얼마나 놀랐던지 그의 눈이 왕방울만 하게 커지면서 들고 있던 성경을 바닥에 툭 떨어뜨리고 말았다.

호성이는 급하게 일어나려다가 그만 옆으로 쓰러져버렸다. 워낙 엄청난 살인을 저지른 흉악범이라 수갑을 채우고도 모자라 양쪽 팔목에 가죽으로 만든 수갑을 또 채우고, 허리에 두른 가죽띠(자살을 방지하고 다른 사람을 해치지 못하도록 법으로 사용을 명하는 보호장비)와 연결해놓았기 때문에 몸의 균형을 잡을 수 없었던 것이다.

다시 일어나려다가 옆으로 넘어지기를 두어 차례, 그는 아예 일어서기를 포기한 채 앉은 자세로 양발과 엉덩이만 사용해서 내 쪽으로 돌진해왔다.

순식간에 일어난 일이라 얼떨떨하게 바라보고만 있는데, 처참한 모습으로 가까이 다가오는 그의 큰 눈에 눈물이 그렁그렁 고였다. 그는 나를 껴안으려는 듯했다. 그러나 몸이 묶인 터라 그나마 자유로운 양손으로 교도관 정복 앞섶을 붙든 채 내 가슴에 얼굴을 파묻는 게 고작이었다. 그를 한 손으로 감싸 안고 다른 손으론 등을 토닥이며 기도하는 내 코끝이 맵싸하게 아려왔다.

"하나님, 감사합니다. 지옥의 벼랑 끝에서 건져주신 우리 호성이, 이제 하나님의 자녀가 되어 구원을 얻게 하시니 감사합니다."

호성이의 어깨 위로 내 눈물이 투두둑 떨어져 내렸다. 둘이 끌어안고 울다가 주변을 돌아보니 방 안에 있던 수용자들이 이상한 눈빛으로 쳐다보고 있었다. 나는 다소 겸연쩍기도 하여 떨어져 앉아서 호성이와 이야기를 나누었다.

"그동안 우째 지냈노?"

그는 자기 현실을 생각할 때마다 죽고 싶은 마음뿐이지만, 성경책을 보면 왠지 그런 생각이 사라진다고 했다. 그러나 비참하기 이를 데 없는 자기 신세가 한스러워 울다가 성경 읽다가 자다가만 반복하노라고 했다.

초췌한 몰골이 그 말을 입증하는 것 같아 안쓰러웠다. 창세기, 출애굽기를 다 읽고 지금 레위기를 읽고 있으나 아무것도 모르겠다고 하는 그의 말을 듣고 위로하는 내 모습을 보며, 감방 안의 재소자들은 아까보다 더 이상히 여기는 얼굴로 우리를 쳐다보았다. 그들을 바라보며 내가 물었다.

"여러분, 호성이가 사람을 다섯이나 죽이고 암매장할 사람 같아 보입니꺼?"

한 사람이 얼른 대답했다.

"그러잖아도 우리도 이상타고 생각했어라. 며칠 전에 장위동 일가족 살해사건 범인이 우리 방에 들어온다고 해서 모두 샛노란 오줌을 쌀 정도로 안 쫄았소. 그야말로 이젠 다 죽었구나 싶었는디, 막상 같이 있어 보니 증말 딴판이어라. 외려 우리가 더 벙벙하드랑께. 말도 않고 울다가 성경 보다 그러고만 있응께 미상불 신경 졸나 쓰이요이."

"여러분 말이 맞소. 호성이는 절대로 그런 일을 저지를 사람이 못 됩니더. 다만 악한 영에게 그의 인격이 지배되어 순간적으로 저지른 일입니더. 우리가 사는 이 세상엔 눈에 보이는 세계만 있는 게 아니라 영적 세계가 엄연히 존재하는데…."

말을 이어가는 나를 바라보는 수용자들은 숫제 기가 막힌다는 표정들이다.

"…호성이는 자신이 감당할 수 없는 악령에게 붙잡혀 그런 일을 저질렀지만 이젠 예수님을 믿고 그 굴레에서 벗어났심더. 지금부턴 예배드리는 생활을 해야 하는데 혹시 이 방에 교회 다녔던 사람 없심니꺼?"

아무도 없다.

교회에 한 번이라도 가본 사람이 없느냐고 물어도 묵묵부답이다. 방 안 분위기가 술렁대자 한쪽 구석에서 낮잠 자던 흉악범 수용자가 부스스 일어나 앉아 이쪽을 바라보았다.

감방장이었다!

눈이 마주친 그에게 "자네는 교회 다녀본 적 있느냐?"고 물었다. 순간 그가 멈칫하는 듯했다. 먹물이 조금이라도 튄 사람이다 싶어 다시 다그쳐 물었다.

"주일학교 다녀 본 경험이라도 없소?"

머뭇거리던 그가 손을 반쯤 들어 올리며 하는 말.

"저… 집산데요."

내심 쾌재를 불렀다.

이 흉년에 집사라니 웬 횡재냐!

내 말투가 순식간에 바뀌었다.

"집사님이라꼬요? 참, 하나님도 용하시제. 우리 호성이를 위해 집사님을 미리 이 방에 보내시고… 집사님에게 감방장의 직분까지 맡기신 것은 이때를 위함이 아닌지요!"

나는 '집사님'을 강조하며 열심히 이야기를 이어나갔다. 교도소에서 교도관이 수용자에게 '님'자 붙일 일이 거의 없는데 계속 '집사님'

을 불러대자 그는 황송하다는 듯 몸을 비비 꼬며 말했다.

"전 아직 믿음도 없고 아무것도 모르는데요, 마누라 따라 개척교회 나간 지 석 달 만에 집사 하라 그러더라구요…."

그의 말마따나 아무리 뜯어봐도 호성이를 건사할만한 믿음은 보이지 않았다. 몇 마디 더 주고받아도 결론은 마찬가지여서 호성이의 방을 옮겨주든지, 아니면 믿음 좋은 사람들을 찾아 호성이 방으로 보내든지 방법을 찾기로 했다.

"호성아, 내 다시 오께. 마음 크게 묵고 잘 지내거래이."

인사를 하고 일어서려는데 호성이가 내 옷을 꽉 붙들고 놔주지 않았다. 그렁그렁 맺혔던 눈물이 이젠 아예 뚝뚝 떨어졌다. 말은 안 했지만 '조금 더 있다 가요. 아니, 가지 말아요' 하는 듯했다. 그 애처로운 모습을 보자니 그때까지 억누르고 있던 내 아픔이 통곡으로 터져 버렸다. 나는 그를 끌어안고 엉엉 울었다.

"아이구, 하나님! 이 기막힌 인생을 우짜면 좋심니꺼? 하나님요, 우리 호성이를 불쌍히 여겨주시이소!"

호성이도 내 목을 껴안고 울었다.

얼마쯤 지났을까, 갑자기 저쪽 구석에서 벼락같은 비명이 울려 나왔다.

"으아악! 으아아악!"

괴성의 주인공은 조금 전 겸연쩍게 손을 들고 "저…, 집삽니다" 하던 바로 그 감방장이었다. 그가 구석에 머리를 처박고 궁둥이를 높이 치켜든 채 좌우로 흔들며 엄청난 기세로 울어대고 있었다. 순식간에 벌어진 상황이라 무슨 일인지 가늠할 여유도 없이, 다만 기묘한 모습으로 통곡하는 그를 멀거니 바라볼 뿐이었다.

그의 흐느낌 간간히 "하나님… 잘못… 용서…" 등의 말이 튀어나오는 걸로 짐작컨대 강력한 회개의 영이 임하신 것 같았다. 지금까지 뉘우치는 광경을 많이 봐왔지만 이런 별난 꼴은 처음이었다.

드디어 천지가 떠나갈 듯 굵고 짧은 회개를 요란하게 마친 집사님이 부시시 일어나 앉았다.

그런데 이런!

그의 모습을 보니 가관이었다.

팅팅 부은 눈과 얼굴은 그렇다 쳐도, 허연 콧물이 양쪽 코끝에 매달려 흔들흔들 그네를 타고 있었다. 마침 한쪽 콧물은 밑으로 뚝 떨어졌지만, 다른 쪽은 끝자락이 뺨에 붙어 U자 모양으로 덜렁거렸다.

몇 차례 더 오열하던 그가 자리에서 벌떡 일어났다. 장신의 사나이가 갑자기 일어서니 얼마나 거대해 보이던지, 꼭 을지문덕 장군 같았다!

그는 잠시 좌중을 돌아보더니 오른손을 쳐들곤 연설을 시작했다.

"여러분, 내가 실은 예수 믿는 사람이오. 저기 호성 씨가 들어오던 날 밤부터 위로하고 기도해주고 싶은 생각이 있었지만, 예수 믿는 표시 내는 게 쪽팔려서 가만있었소. 그런데 우리하고 아무 상관도 없는 저 계장님이 호성 씨 붙잡고 우시는 걸 보고 내 회개했수다. 오늘부터 기도드리고 찬송도 할 테니 다소 시끄럽더라도 양해하시오."

감방장답게 제법 우렁찬 목소리로 선포하더니 – 콧물은 여전히 한쪽 코끝과 뺨에 붙어서 춤을 추고 있다 – 개선장군처럼 씩씩하게 걸어서 호성이 쪽으로 다가왔다. 그리곤 앞에 털썩 주저앉아 그 큰 팔로 호성이를 와락 끌어안고는 뺨을 부비며 울기 시작했다.

"호성씨, 내가 잘못했소. 우리 이제부터 같이 삽시다. 내가 도와주겠소."

다소 어리벙벙하게 '을지문덕 집사님'을 바라보던 호성이도 마침내 그를 끌어안고 다시 울기 시작했다. 아까 나하고 울던 것보다 더 진하고 격렬한 울음이었다. 같은 감방 속에서 같은 옷을 입고 같이 사는 동료가 자신을 위해 흘리는 눈물에 더 크게 감동한 탓이리라.

감방 안의 다른 사람들은 이 어리둥절한 사태 앞에서 할 말을 잃은 채 멍하니 바라만 보고 있었다. 그러나 내 가슴 속엔 뜨거운 감격과 감사의 회오리가 솟구쳤다. 사무실로 돌아오는 길에 웬 눈물이 그리 쏟아지는지, 복도 바닥이 어른거려 보이지 않을 정도였다.

사무실에 앉아 있어도 내 머릿속엔 온통 호성이 생각뿐이었다. 얼른 다시 달려가 만나보고 싶은 마음이 간절했지만 여전히 밀려드는 일 때문에 틈을 낼 수 없었다.

안타까운 마음으로 이틀을 보낸 후 어렵사리 짬을 내어 다시 호성이 방을 찾았다. 방 앞에 가서 숫자판을 보니 '11'이라고 쓰여 있었다. 그동안 두 명의 신입자가 있었던 모양이었다.

창살 너머로 들여다보니 그 열한 명이 빙 둘러앉아 있었다. 회식이라도 하나 싶어 가까이 다가가 방안을 살펴보는데 '나 같은 죄인 살리신' 찬송소리가 들려왔다.

이게 어찌 된 일일까?

불과 이틀 전만 해도 예수 믿는 사람이라곤 별난 모양으로 회개하던 감방장과 호성이 밖에 없었는데…. 선뜻 이해되지 않는 상황에 의아한 마음으로 들여다보고 있자니 을지문덕 집사님이 나를 발견하곤 큰 소리로 불렀다.

"아, 계장님! 우리 지금 예배드리고 있습니다. 와서 기도 좀 해주세요."

문을 열고 들어가 보니 정말 모두 빙 둘러앉아 서너 명이 찬송가 한 권씩을 들여다보며 찬송을 부르고 있었다. 어찌 된 영문인지 모르면서도 기쁜 마음으로 기도를 드렸다. 그러나 궁금증은 가시지 않았다.

'대체 이게 우짠 일이고? 무신 이런 조화가 다 있을꼬?'

간단한 예배가 끝나자 감방장 집사님이 자못 궁금해하는 내게 자초지종을 들려주었다.

"이틀 전 계장님이 왔다 가신 날 밤 열 시나 됐을까? 취침시간이 넘어 모두 잠이 들락 말락 하는데 갑자기 호성 씨가 미친 듯이 고함을 지르지 않겠습니까? 모두 깜짝 놀라 일어나 보니 몸을 활처럼 구부리고 눈을 허옇게 까뒤집은 채 입에 거품을 물면서 발버둥 치는 겁니다."

처음엔 그가 가위눌린 줄 알았다. 그래서 몸을 흔들고 뺨을 때려보고 바늘로도 찔러보고 귀에다 고함도 질러봤지만, 그는 점점 호흡이 잦아들면서 입술이 새파래졌다. 의학지식이 없는 그들이 보기에도 곧 죽겠다 싶어 담당직원을 부르며 부산을 떨었지만 호성이는 거의 절망적인 상태로 치달았다. 감방장 집사님은 그의 귀에다 대고 고래고래 외쳤다.

"보소! 제발 정신 좀 차리소! 무슨 말이라도 한번 해보소!"

호성이의 입이 가늘게 떨리며 달싹였다.

방 사람들은 더 세게 그를 흔들어댔다.

"한 마디라두 해보라요!"

호흡이 거의 멎기 직전, 드디어 그의 입이 열리고 외침이 터져 나왔다.

"…예수 그리스도 이름으로 명하노니 더럽고 사악한 귀신아, 내게서 떠날지어다!"

그 순간 호성이가 눈을 번쩍 떴다.

잠시 좌우를 살펴보던 그가 "나는 이제 해방됐다! 나는 이제 구원받았다!" 하며 통곡하기 시작했다.

다 죽은 것 같았던 그의 극적인 변화에 방 사람들은 놀라기도 하고 신기하기도 해서, 호성이를 안아 일으켜 이불에 기대놓고 땀을 닦아주며 팔다리를 주물렀다.

그들은 한참 울다가 진정한 호성이에게 대체 어찌 된 영문인지 캐물었고, 그는 서울구치소에 들어온 이후 나를 제외한 누구에게도 말하지 않았던 기막힌 사연을 비로소 털어놓았다.

친부모와 형님 내외, 그리고 어린 조카를 살해하기 전부터 자기에게 나타난 징그러운 존재. 그의 힘에 짓눌려 끔찍한 범행을 저지르게 된 과정. 시신들을 암매장할 때 가해진 악령의 힘. 자살하려는 마음을 먹고 들어오던 날 박 계장을 만나고, 그가 하나님께 열심히 기도하던 중에 귀신이 쫓겨간 놀라운 사건….

그런데 아예 멀리 가버린 줄 알았던 악한 영이 그날 밤 어렴풋이 잠들 무렵 갑자기 천정에 둥실 나타나선 '그만큼 죽으라고 했는데도 죽지 않고 이젠 예수까지 믿기로 했어? 그렇다면 옳게 예수 믿기 전에 내가 먼저 너를 죽여주마' 하며 그 억센 힘으로 호성이의 몸을 뱀처럼 칭칭 감고 조여대기 시작했다.

'이겨야 하는데! 이겨 내야 하는데…!'

숨이 막혀 죽을 듯한 고통 속에서도 그의 머릿속엔 내가 성경책 여백에 써준 글귀가 맴돌았다. 그런데 아무리 생각해도 첫 마디가 떠오르질 않았다.

나중에 듣고 보니 그건 순전히 내 실수였다. 첫 구절에 적어준 '나사렛'이란 단어는 웬만큼 교회생활을 한 사람에게도 익숙지 않을 법한데, 생전 처음 듣는 호성이에겐 오죽 낯설었겠는가.

절체절명의 순간까지도 첫 열쇠를 열지 못해 거의 죽어가던 그는 결국 '나사렛'을 통과시킨 채 기억나는 대로 "예수 그리스도의 이름으로"를 외쳤고, 그렇게도 악랄하게 온몸을 짓누르던 귀신은 바로 그 순간 사라져버렸다.

이 이야기는 방 사람들에게 충격 그 자체였다.

이젠 호성이의 말을 믿지 않을 수 없는 상황이 됐다.

그렇다면 결론은?

사람들은 불안한 시선으로 천장과 사방을 두리번거렸다.

'이게 가도 멀리는 안 갔을 텐데…'

갑자기 오싹 한기가 돌았다.

어디선가 그 귀신이 자기들을 내려다보고 있을 거라 생각하니 오금이 저렸다. 다들 잠자리에 들었지만 잠이 올 리 없었다. 얼마간 시간이 흐른 뒤, 두 사람이 감방장에게 슬그머니 다가왔다.

"정말 예수만 믿으면 아무 탈 없는 겁니까?"

"아무 일 없다마다요. 호성 씨 보셨잖소? 예수 이름으로 기도하니까 귀신이 썩 물러가는 거!"

"그럼 우리도 예수 믿게 해주세요."

여태 복음을 제대로 들어보거나 전해 본 적 없던 '날라리 집사님'은 그날 밤 기독교 역사상 전무후무한 영접식을 가졌다. 두 사람을 자기 앞에 세워놓고 오른손을 들게 하고서 선서식을 거행한 것이다.

이렇게 해서 예수님을 믿기로 선서한 두 사람과 호성이와 집사님을 제외한 나머지 다섯 명은 '불확실성의 지대'에서 뜬눈으로 밤을 지새워야 했다.

이튿날 식사 후에 예수 믿기로 선서한 네 명이 둘러앉아 찬송을 불렀다. 4대 5로 이루어진 두 집단이 서로 다른 기분으로 마주하는 기묘한 풍경이었다. 한쪽은 안전지대였으나 다른 한쪽은 불안하기 짝이 없는 영역이었다.

'만약 그 귀신이 덤벼든다면 저쪽은 아닐 테고 이쪽일 텐데… 그러면 나도 저 사람처럼 망치 들고 부모와 형제를…?'

불안함을 이겨내지 못해 힘들었던 세 사람이 또 슬그머니 감방장 집사님의 진영으로 넘어와 선서를 했다.

이제 남은 사람은 단둘.

서로 얼굴을 마주 보고 있자니 기가 막혔다.

이제 확률은 반반, 너 아니면 나!

결국 이럴 바에야 체면이고 뭐고 다 집어치우고 선서해버리자는 쪽으로 결말이 남으로써, 그날 점심시간 이후 외형상으론 전원 예수 믿는 사람이 되고 만 것이다.

그날 밤 신입 수용자 두 명이 그 방에 들어왔다.

평상시 같으면 담당근무자의 눈을 피해 짓궂은 신고식을 치르느라 정신없었겠지만 그날만큼은 사정이 달랐다. 새로 들어온 둘을 앞에 앉혀놓고 다들 번갈아가며 호성이의 간증을 극적으로 늘어놓았다. 대부분 남의 이야기를 자기 것보다 더 실감나게 할 수 있는 재주를 가진 사람들이다 보니, 듣는 사람의 기가 질리게 만드는 건 식은 죽 먹기였다.

"…그 귀신이 가도 멀리는 안 갔을 걸. 예수 안 믿으면 큰일나게 돼 있지!"

그러잖아도 잔뜩 긴장해 있던 신입자들은 입도 뻥긋 못하고 안전지대로 투항해버렸다.

그날 이후로 그들은 '나 같은 죄인 살리신' 찬송을 즐겨 부르며 차츰 자신들이 살아온 인생을 뒤돌아보기 시작했다. 보통 사람들에겐 이 찬송가 가사가 추상적으로 느껴질 터이나, 지금 '죄인'으로 불리는 그들은 달랐다. 자신 같은 죄인들을 살려주신 주님의 은혜가 놀랍다는 가사는 구절구절 비수처럼 가슴을 파고들었다.

이 찬송을 부르는 가운데 하나님의 은혜를 깨닫게 되고, 태어나서 처음으로 가슴 깊은 곳에서부터 솟구치는 눈물로 회심을 체험하는 사람들이 늘어나게 됐다.

운동을 나가면 같은 건물에 수용된 재소자들은 한 운동장에 모인다. 그때마다 다른 감방 사람들이 의아하게 묻곤 했다.

"당신들 방에 웬 찬송가 소리요?"

그러면 호성이네 방 사람들은 기다렸다는 듯 사방으로 흩어져 삼삼오오 모여서 대리 간증을 시작한다. 손짓, 발짓, 표정 등 모든 수단을 총동원해 실감나게 호성이 이야기를 한바탕 전하고 난 뒤 어김없이 붙이는 한마디.

"틀림없이 가도 멀리는 안 갔을 걸!"

이 말을 들은 이웃방 사람들이 켕기지 않을 수 없었다.

"분명히 가까이 있을 텐데, 우리도 예수 믿는 사람 있으면 예배드립시다."

그렇게 이 방 저 방에서 예수 믿는 바람이 불기 시작했다. 하나님은 코미디처럼 시작된 이 일을 통해 큰 역사를 일으키신 것이다.

차츰 신앙 안에서 안정돼 가던 호성이는 1심에서, 그리고 항소심에서도 사형을 선고받았다. 2심 사형선고를 받고 들어오던 날, 그는 내 사무실에서 참 많이 울었다.

"와? 사형선고 받은 게 슬퍼서 우나, 죽는 게 무서버서 우나?"

"아니에요. 그래서 우는 게 아니에요. 벌써 지옥에 가 있어야 할 몸이 이렇게 하나님을 믿고 살아 있다는 사실이 기적 같아서 우는 거예요."

그의 얼굴은 어린아이처럼 해맑았다.

저 얼굴을 보고 누가 흉악한 살인범이라고 할까.

호성이가 다른 방으로 옮겨갈 때마다 사람들은 긴장하고 경계한다. 그러나 며칠 지나지 않아 전혀 다른 분위기를 느끼게 된다. 우선 그에겐 살인자에게서 풍기는 피비린내가 없다. 눈동자 깊은 곳에서 뿜어 나오는 살기도 전혀 없다. 오히려 늘 남을 편안하게 하는 웃음이 있었다.

사람들은 매번 그에게 호기심을 갖게 됐고, 그때마다 호성이는 복음을 전했다. 악한 귀신의 정체와 유혹, 그리고 기도를 통해 쫓겨 갔다가 다시 나타나 자신을 죽이려 했던 일을 비롯해, 예수님의 이름으로 결국 그 사악한 존재를 물리치고 하나님을 향해 눈 뜨게 된 일까지.

그 눈물 어린 복음의 증거 앞에서 허물어지지 않을 사람은 없었다. 이렇게 하여 하나님은 한 사람의 사형수를 통해, 가장 낮고 어두운 감옥 한 귀퉁이에서도 만세 전에 택하신 당신의 자녀들을 수없이 불러내셨다.

이는 너희를 어두운 데서 불러내어, 그의 기이한 빛에 들어가게 하신 이의 아름다운 덕을 선포하게 하려 하심이라 _베드로전서 2:9하

_하나님은 아무도 포기하지 않는다

그 호성이가 지금 마지막 호흡을 가다듬으며 앞의 집행대를 바라보고 있다. 뒤쪽 휘장 너머엔 굵은 밧줄이 드리워져 있다. 죽음의 그림자가 30평 남짓한 사형장을 무겁게 내리눌렀다.

그러나 호성이는 담담한 표정으로 모든 절차에 순응했다. 사형수가 앉는 자리에 같이 앉아 그의 손을 꼭 잡고 있는 내 손바닥 사이로

땀이 배어났다. 소장이 물었다.

"유언을 남기겠습니까?"

"네."

사형장에 침묵이 흐른다.

이 세상을 떠나는 젊은 사형수의 마지막 유언이 과연 뭘까, 궁금함이 극에 달했다.

"이 세상은 참 아름답습니다. 이 땅에 죄악이 많고 또 저 같은 죄인이 있어도 하나님이 만드신 이 세상은 여전히 아름답기만 합니다. 많은 사람이 예수님을 믿고 신앙의 눈으로 세상을 바라본다면 얼마나 좋을까요!"

한 편의 시 같은 유언을 남기는 그의 눈에 고요히 눈물이 맺혔다.

집행을 담당한 직원들이 호성이의 양팔을 붙잡고 밧줄 밑으로 데려가서 그의 머리에 흰 두건을 씌우고 목에는 밧줄을 걸었다. 밑바닥이 열리는 스위치에 손을 얹은 직원의 손이 가느다랗게 떨렸다. 1초가 될지 5초가 될지 모르는 이 세상의 마지막 순간, 모두 말을 잃고 침묵하는 그때 갑자기 두건 속에서 큰 소리가 울려 나왔다.

"아버지! 어디 있나요?"

"호성아! 바로 니 앞에 있다. 와? 할 말 있나?"

"아버지! 발 빨리 나으세요! 그 목발 얼른 던져 버리세요!"

참았던 통곡이 비명처럼 내 입에서 터져 나왔다.

이 땅에 남아 있는 사람들은 말할 것이다.
우리는 산 자요, 저기 허공에 매달린 그는 '사형수'라는 저주스러운 이름으로 죽은 자라고.
그랬다.
사람들은 그를 도저히 구제할 수 없는 죄인으로 판결하고 사형을 집행했다. 그러나 하나님은 친부모와 형제를 죽인 자라도, 귀신의 권세에 휘둘려 살던 자라도, 그 어떤 흉악한 죄에 사로잡힌 자라도 결코 포기하지 않으신다.
호성이는 하나님 앞에서 죄로 인해 죽은 자가 아니다!
온전히 거듭나서 오히려 하나님의 영광 가운데 살아 있는 자다!
나는 여전히 팽팽한 경련을 일으키며 흔들리는 밧줄 앞에서 그렇게 외치며 다짐했다.
"호성아, 내가 가는 곳마다 너의 이야기를 자랑스럽게 들려주마. 우리의 씨름은 악한 영들과의 치열한 전쟁이며, 예수 그리스도의 이름으로 넉넉히 이기고도 남는다고!"

부르심

나는 밀양 박가 규정공파 송당가문의 종손으로 태어났다.

우리 집은 철저한 유교와 불교가 적당히 혼합된 가문으로, 일 년에 제사를 열세 번이나 지낼 정도로 복음과는 전혀 관계없었다(집 안에 조상의 위패를 모셔 놓은 사당에서 매월 두 번씩 제사할 땐 일 년에 마흔두 번까지도 제사를 지냈다). 8촌내에 예수 믿는 사람이 하나도 없었으며, 조상 받드는 것을 최고의 자랑으로 알고 살아온 가문이었다.

이런 집에 장남으로 태어난 나는 '조상 잘 섬기고 부모와 나라에 충효하는 것이 인간의 최대 보람이며 사명'이라 배우며 자랐다. 예수님에 관해 모르는 것은 물론, 기독교인들에게 적대감마저 느낄 정도였다. 당시 내겐 제사가 생명보다 소중한 신앙이었으므로 '제사는 우상숭배' 운운하는 그들이 적으로 여겨질 수밖에 없었다. 나는 아무리 몸이 아프고 일이 바빠도 제사만큼은 어김없이 참석했다.

　제대하고 대구에서 공무원 생활을 시작한 후에도 이런 삶의 모습은 바뀌지 않았다. 옛 영화를 잃고 퇴락해가는 우리 가문을 일으켜 세워야 한다는 한결같은 소망을 품은 채 나는 이윽고 결혼적령기에 접어들었다. 할아버지와 아버지의 엄명에 따라 연애결혼은 꿈도 못 꾸는 터라 당연히 맞선을 보기 시작했다.

　"둘째나 막내 같으믄 몰라도 니는 니 좋다고 아무나 눈 맞아 장가 들라 카믄 다리 몽디를 뿌라뿔 끼다. 좋은 종부감 찾아서 가문을 살려야 하니 양반집 규수로 잘 고르고 골라야 한대이!"

　지엄한 분부였다. 그러나 이런 엄명이 없었더라도 오히려 내 쪽에서 자청하여 마땅히 그리 했을 것이다. '내 한 몸의 행복보다 가문의 융성이 우선'이라는 신념은 철두철미한 내 인생관이었으므로.

　첫 맞선 자리에서 만난 사람은 윤씨 성을 가진 아가씨로 기억된다. 간단한 인사를 마친 후 나는 소개를 정중히 했다.

　"지는 밀양 박가 규정공파 대종갓집 대종손입니더. 우리 집엔 일 년에 제사가 열세 번 있고요, 결혼하면 살림 나갈 생각은 말아야 합니더. 그라고 동생들이 좀 많아서…."

　나는 말을 잠시 중단하고 손가락을 하나하나 접어나갔다. 동생은 모두 다섯이었다. 이 기막힌 조건 앞에서 놀라는 그 처녀의 모습이란! 내 이야기를 듣다가 '윽' 하는 표정을 지으며 마시던 커피잔을 내려놓는데, 얼마나 손이 떨리던지 받침에 잔 부딪치는 소리가 따닥따닥 났다.

뒤도 돌아보지 않고 도망간 그녀를 필두로 서른 번이 넘는 선을 보는 동안, 모두 이 악조건에 기절초풍해 달아나버렸다.

이런 상황에도 불구하고 좋다는 두 사람이 있긴 했다.

하지만 내 편에서 아무리 생각하고 또 고민해 봐도 '차라리 평생 혼자 사는 게 낫겠다' 할 정도여서 어쩔 수 없이 정중히 딱지를 놓은 적도 있었다. 늘 퇴짜만 맞다가 그래도 놓아본 적 있다는 사실이 그나마 불행 중 위로가 됐다.

27세 때부터 보기 시작한 맞선이 29세를 맞을 때까지 계속됐지만 시집오겠다는 사람은 없었다. 마침내 선보는 일 자체가 의례적인 행사처럼 돼버렸다. 그러나 모든 게 시들해졌어도 종부감에 대한 내 의지만은 변치 않았으며, 결혼을 못 해도 어쩔 수 없다는 각오를 하기에 이르렀다.

1979년 2월 어느 날, 친척 할머니의 소개로 여느 때와 다름없는 맞선보기 행차에 나섰다. 그런데 다방에서 그녀를 만난 순간 나는 눈이 튀어나오는 듯했다.

지금까지 선을 봐온 여성들과 비교할 때 평균 수준의 극히 평범한 여자였으나, 그 누구보다 내 마음을 사로잡는 매력이 있었다. '제 눈에 안경, 천생연분'이라는 옛말처럼 '이 여자만큼은 놓쳐선 안 된다. 무슨 수를 동원하더라도 꼭 아내로 삼고 말겠다'는 투지가 끓어올랐다.

그러나 지금까지 고수해온 레퍼토리를 바꿀 순 없었다. 만약 가정 형편을 속여서 결혼했다가 나중에 실상을 알고서 사네 못 사네 하면 우리 가문은 그대로 끝장날 수밖에 없으니, 속이고 싶어도 그럴 입장이 못됐다.

그렇다고 해서 있는 그대로 이실직고했다간 보나 마나 딱지 맞을 게 뻔하니 그날만큼은 상당히 조심스레 접근해 들어가기로 했다.

"안녕하십니꺼? 저는 밀양 박가 규정공파 종갓집 종손입니다."

맞선보던 중에 처음으로 '대종갓집'에서 '대'자를 뺐다.

그래야 조금이나마 덜 기가 막히겠지.

"우리 집엔 제사가…."

아무리 생각해도 열세 번은 너무 많았다.

어찌 되든 일단 줄이고 보자.

"일 년에… 음… 여섯 번입니다."

줄여서 말했는데도 여자가 흠칫 놀란다.

이제 배수진을 치고 돌진해야 했다.

"동생은 좀 많심더. 그래도 다들 착해서 속 썩이는 일은 없을 낍니더."

내 소개를 듣는 그녀의 얼굴엔 '이 자리에서 빨리 일어섰으면' 하는 기색이 역력했지만 나는 물러설 수 없었다. 사정사정해서 다방을 몇 군데 더 돌다가 마지막으로 커피 한 잔만 더 하고 가자고 감언이설로 주저앉혀놓고 시간을 벌어볼 요량으로 말했다.

"저… 미스 최, 제가 사주 한번 봐 드릴까요?"

당연히 싫다는 대답이 나올 줄 알고 짐짓 물어봤는데 뜻밖에 "예, 봐주이소" 하는 게 아닌가! 나중에 아내에게 왜 그때 덥석 사주를 보겠다고 했는지 물어보니 이렇게 대답했다.

"당신과 결혼하고 싶은 생각이 1프로만 있었어도 봐달라 했겠능교? 어차피 다시 볼 사람도 아니니 시간이 아까버서라도 공짜 사주나 봐야겠다 싶어서 그랬지예."

그러나 이런 속생각을 알 턱없는 나는 그저 같이 있을 시간을 벌어서 신이 났다. 선대 어른들께서 보시던 주역·사주·관상 등에 관한 책을 수년간 읽으며 독학한 실력이 아마추어 경지는 벗어날 정도라, 백지를 앞에 놓고 사인펜으로 한문을 이리저리 휘갈기며 잔뜩 폼을 잡았다.

아내는 한참 내가 쓴 글씨를 바라보다가 내 얼굴을 쳐다보다가, 다시 종이를 보다가 나를 보기를 여러 차례 하는 새 자기도 모르게 감동을 받았다고 했다.

'젊은 사람이 어려운 한문을 할배같이 멋드러지게 써대는 걸 보니 참 괜찮아 보인다.'

슬그머니 마음이 끌린 그녀는 나를 냉정하게 뿌리치지 못하고 두 번 세 번 만나기 시작하더니 눈이 가려졌는지(틀림없이 하나님께서 그렇게 하셨으리라) 3개월 후 결혼을 약속하고 말았다.

후에 알고 보니 아내의 성장환경은 우리 집 못지않게 열악했다. 석남사라는 오래된 절 바로 아랫동네에서 태어나고 자란 아내는 일찍이 불교 외에 다른 정신세계를 접해보지 못했다. 심지어 승려들이 입는 옷감으로 만든 옷을 입고 학창시절을 보냈을 정도였다.

초등학교 5학년 때 담임선생님이 은행이라는 직장이 얼마나 좋은지 설명하시는 말씀을 듣고는, 은행원의 멋진 이미지에 매료돼 아내는 결국 소원대로 은행원이 됐다.

처음엔 꿈을 이뤘다는 기쁨이 컸지만 모든 직장이 그렇듯, 얼마 가지 않아 다람쥐 쳇바퀴 돌듯하는 일상에 심드렁해지기 시작했다. 차츰 삶의 의미에 대해서도 회의에 젖어 고민하던 아내는 '어차피 죽어 무(無)로 돌아갈 인생이라면 늙어 꼬부라져 볼품없을 때 갈 게 아니라, 가장 꽃다운 나이에 아름다움을 간직하고 떠나는 게 좋겠다'라는 얼토당토않은 결론을 내렸다.

바쁘고 힘든 하루하루를 살면서 그나마 마음에 위안이 된 건 바로 '나는 내 의지대로 언제든 멋지게 죽을 수 있다'는 생각이었다.

아내가 다니던 직장에 명희라는 동료가 있었다.

뭐가 그리 즐거운지 매사에 양보하고 손해 보면서도 늘 웃음과 찬송이 입에서 떠나지 않는 처녀였다. 아내는 점차 이 예수 믿는 동료에게 호기심을 갖게 됐다.

'얘는 뭐가 그리 좋을까? 언제나 웃고 살 수 있는 비결이 대체 뭘까?'

어느 날 퇴근 직전, 호시탐탐 기회를 노리던 명희가 드디어 아내를 낚아챘다.

"언니, 오늘 저녁에 시간 좀 내줘. 꼭 할 말이 있어."

"내 시간 없대이."

그러나 퇴근 후 명희는 거절하는 아내를 끌다시피 대구 동산병원 간호사들이 성경공부하는 곳으로 데려가서 요한복음 1장 12절을 읽어주며 전도하는 데 성공했다.

영접하는 자 곧 그 이름을 믿는 자들에게는 하나님의 자녀가 되는 권세를 주셨으니

"언니, 영접하기만 해. 그러면 하나님의 자녀가 된단 말이야!"

한 영혼을 향한 명희의 애절함이 마침내 아내의 마음을 뒤흔들어 놓았다. 놀랍게도 그날 밤 아내는 성령님을 만났다. 짧은 한 구절의 말씀을 통해 죽음을 준비하며 살던 허무한 심령에 영생의 소망이 생긴 것이다.

그 후 아내는 먹든지 마시든지 무엇을 하든지 오직 예수님을 중심으로 살면서, 직장동료나 상사들에게 '또라이'라고 놀림 받을 정도로 철저한 예수꾼이 돼갔다. 맞선 보는 자리에서도 앉자마자 속사포 같은 질문을 퍼부어댔다.

"예수 믿으시나요?"

대답이 조금만 시원찮다 싶으면 세상기준으로 아무리 좋은 신랑감이라도 더 볼 것 없이 뒤돌아 나왔다.

어쩌다 예수 믿는 사람을 만나면 "평생 주일성수할 자신 있나요?" 하는 두 번째 질문을 던졌다. 여기에 대부분의 청년들이 움찔했단다.

세 번째 추상같은 질문은 "철저하게 십일조를 드릴 자신있나요?" 하는 것이었다. 이쯤 되면 총각들은 이런저런 핑계를 대고 슬금슬금 자리를 떠나버리기 마련이었다.

'아무리 신앙도 좋지만 여기가 무슨 목사후보 시험장인가? 이 여자하고 결혼했다간 평생 따뜻한 밥 한 그릇 얻어먹기 힘들 거야. 맨날

새벽기도니 철야기도니 하면서 나돌아다닐 거 아냐? 불 보듯 훤하다. 빨리 튀자!'

　게 중엔 목사님·장로님의 아들도 있었고, 청년회 회장도 있었으며, 모태신앙으로 믿음의 뿌리가 깊다는 사람도 많았지만 아내의 저돌적인 모습에 죄다 기가 질린 듯 도망가버리고 말았다.

　하나님이 일하시는 모습을 나중에 돌이켜보니 참 흥미로웠다. "저는 대종갓집 대종손입니다. 우리 집엔 일 년에 제사가 열세 번 있구요…" 등의 일관된 레퍼토리를 읊느라 장가를 못 들던 한 청년과, "예수 믿으세요? 한평생 주일성수, 십일조 하실 수 있나요?"라는 레퍼토리 때문에 시집을 못 가던 처녀의 만남을 통해 후일에 결국 믿음의 가문을 이루어내셨으니 말이다!

　그렇게 2년쯤 흘러 아내는 스물일곱 살이 됐다.

　같은 직장에서 일하던 또래는 물론, 후배들마저 시집가서 남편과 함께 떡두꺼비 같은 아들을 안고 와선 "언니야, 이쁘제? 까꿍까꿍!" 하며 약 올리는 모습을 보노라면 겉으론 웃어도 속에선 불이 날 지경이었다.

　'이상하대이. 내가 누구보다 열심히 주님을 섬기고 믿음으로 살라꼬 발버둥 치는데 불신자들도 잘 가는 시집조차 못 가고 있다니. 굳이 이렇게 신앙을 고집하며 살아야 할 필요가 있겠나?'

아내는 지나칠 만큼 열성적인 신앙이 오히려 결혼에 걸림돌이 됨을 느끼면서, 일 순위로 내세웠던 예수님을 슬그머니 삶의 뒷전으로 밀어내고 시험에 빠져들기 시작했다.

'신앙생활 하지 않는 사람 중에도 훌륭하고 성공한 사람이 많은데 그들은 예수를 안 믿으니 당연히 지옥에 가겠지. 그러면 저 사람들이 다 가는 지옥에 나 하나 못 갈 건 또 뭔가?'

마침내 아내는 신앙을 버리기로 작정했다.

'사람만 괜찮다믄 예수 안 믿는 사람이라도 결혼할란다. 이제 하나님과는 이별이다!'

이렇게 마음먹고 나서 아내는 나와 선을 보았고, 결국 부부가 됐다.

_종교전쟁

결혼 후 아내는 아무 거리낌없이 우리 집안풍습에 따라 사당에 절을 하고 그 많은 제사에도 익숙해져 갔다. 신혼생활은 행복했고 맏딸도 태어났다.

귀여운 딸아이가 옹알이를 제법 해댈 무렵이었다.

어느 날 새벽, 근처 교회에서 울리는 새벽종 소리에 아내는 눈을 떴다. 시집 온 후 하루도 빠짐없이 듣던 종소리였지만 평소엔 아무 감정

없이 흘러들었었다. 그런데 그날 새벽의 종소리는 여느 때와 달랐다.

'뎅그렁' 소리가 귀로 들어오자마자 갑자기 가슴 속에서 뭉클한 감동이 솟구친 것이다. 마음을 울리는 그 뜨거움이 성령님의 손길임을 즉시 깨달은 아내는 고개를 흔들며 단호히 말했다.

"주님, 아닙니더. 지는 아닙니더. 잘못 찾아오셨심니더. 지는 이미 주님을 떠난 몸이고, 지옥 가기로 작정하고 제사도 지내고 귀신도 섬기는 사람입니더."

그러나 그 감동은 사라지긴커녕 이어지는 종소리와 함께 더 큰 울림으로 계속 심령을 파고들었다.

뎅그렁, 뎅그렁….

아내는 괴로운 나머지 양손으로 귀를 틀어막고 이를 악물었다. 바로 그 순간, 마음 깊은데서 들려오는 소리가 있었다.

"사랑하는 딸아, 너는 나를 떠났다고 하지만 나는 한 번도 너를 떠난 적이 없다. 네가 귀신을 섬기고 우상 앞에 절하는 그 때도 나는 오히려 탄식하며 네가 돌아오기만을 기다리고 있단다. 나는 지금도 여전히 너를 사랑한다. 내 딸아, 돌아오너라."

그것은 복음의 핵심이었다!

예수님의 십자가 보혈로 한 번 구원하신 자녀들은 세상 끝날까지 버리지 않으시고 항상 함께하신다는 그 확고한 진리를 비로소 깨달은 아내의 기쁨과 감격이 어땠으랴. 베갯잇이 흥건히 젖도록 소리죽여 울고 또 울면서 오랜 세월 잊고 살았던 주님을 다시 만났다.

이렇게 잃었던 믿음을 회복한 후 아내는 달라지기 시작했다.
얼굴에 생기가 돌고 삶에 활력이 넘쳐 주위에서 보는 사람들마저 괜스레 신이 날 정도였다. 부모님들도 며느리 자랑에 흥이 겨웠다.
"애비야, 아무리 봐도 우리가 며느리 하나는 정말로 잘 얻었대이."
"와요? 무슨 일이 있었심니꺼?"
"우리 친구들, 며느리 때문에 불평이 얼매나 많은 줄 아나? 신혼 초엔 입의 혀같이 굴다가도 애기 한둘 낳고 나믄 말대꾸를 툭툭 하며 슬슬 건방진 소리나 해대고…."
"그런데 소영 에미는 괜찮심니꺼?"
"야야, 괜찮다마다. 갈수록 더 좋구나. 요즘 냉장고 믿을 거 하나도 없다믄서 시장도 얼매나 열심히 댕기는지. 매일 싱싱한 거 사다가 시부모님 상에 올린다꼬 몸 안 애끼고 장 봐다 나르는 거 보믄 이뻐 죽겠대이."
일요일 낮에도 시장가고, 빠뜨린 거 있다면서 저녁에도 가고, 더 살 것 있다고 수요일 저녁에 또 가고, 야시장에 가면 싼 물건이 많다며 금요일 밤에도 가고….
내 어깨가 으쓱해지는 건 당연했다.

그런데 얼마 지나지 않아 기절초풍할 사실이 드러났다.

하나님을 새로이 만난 아내의 가장 큰 낙은 예배드리는 것이었다. 그러나 우리 집에서 교회니 예배니 하는 말은 아예 입에 올릴 수도 없기에 아내는 궁여지책으로 속임수를 쓰고 있었다. 예배가 있을 때마다 시장 핑계를 대고서 집을 나와 얼른 볼일을 본 후, 교회 뒷자리에 앉아 남 몰래 울며 주님을 만나는 것이다.

아내는 나중에 이렇게 말했다.

"그때 내가 얼마나 기쁘고 신났는지 압니꺼? 그 어려운 생활을 이기게 해주신 하나님의 도움이 얼마나 컸는지 모릅니다. 한 번 선택한 자는 끝까지 버리지 않겠다고 약속하시는 이사야서 46장 3, 4절 말씀이 날마다 나를 붙들어주셨심니더. 그때 참 많이도 울었지예."

남편조차 눈치채지 못한 그런 생활이 반년 가량 이어졌다.

아내의 얼굴은 날이 갈수록 밝아졌고, 내막을 모르는 부모님은 입에 침이 마르도록 며느리를 자랑했다.

그러나 뭐든 꼬리가 길면 잡히는 법.

어느 날 퇴근하고 집에 들어와 보니 난리가 났다.

아버지와 어머니는 대청마루 한가운데서 분기탱천하여 고함지르고 계셨고, 아내는 중죄인처럼 꿇어앉은 채 펑펑 울고 있었다. 영문을 몰라 멍하니 쳐다보는 나와 눈이 마주친 아버지가 벽력같이 다그치셨다.

"야, 이놈아! 니 마누라 예수쟁이 줄 알고 결혼했어, 모르고 했어?"

아닌 밤중의 홍두깨라더니 정말이지 절굿공이로 뒤통수를 얻어맞는 기분이었다. 앞뒤 재볼 겨를도 없이 나는 두 손을 휘휘 내저으며 외쳤다.

"아버지, 무슨 말인지 모르겠심더. 지는 절대로 몰랐심더!"

내 완강한 태도에 더 힘을 얻은 아버지는 아내를 향해 삿대질을 해가며 온 집이 떠나가도록 소리치셨다.

"잘 들어라. 너! 오늘부터 야소(아버지는 예수를 꼭 이렇게 불렀다)를 버리고 우리 집안풍습을 따르든지, 아니면 이혼을 하든지 하나를 택해라!"

어머니도 질세라 맞받아치며 아버지 편을 드셨다.

"세상에, 우리 집안 종부가 예수쟁이라니, 이런 요망한 일이 있나!"

며느리를 향해 이어지는 아버지의 고성.

"빨리 말해라! 이혼할래, 야소 버릴래?"

그때까지 다소곳이 앉아 울기만 하던 아내가 돌연 고개를 쳐들었다. 본래 기질이 부드럽고 매사에 순종적이던 아내는 눈물범벅이 된 얼굴로 시부모님을 겁도 없이 올려다보며 말했다.

"아버님예, 인제 지는 목에 칼이 들어와도 예수님을 부인할 수 없어

예. 그라고 이혼도 몬합니더."

순간 부모님은 억장이 무너지는 충격을 받으셨다.

"감히!"

분노로 부들부들 떠시던 아버지가 다시 공격을 가하셨다.

"안 된다, 안 돼! 우리 가문의 종부가 야소쟁이라니 말도 안 되는 소리야! 둘 중 하나를 택해라!"

"아버님예, 이혼 몬합니더! 예수님도 배반할 수 없심니더!"

이 무시무시한 싸움의 한가운데 내가 서 있었다.

아내가 기독교인이라니!

지금까지 제사를 비롯한 모든 면에서 그토록 칭송받던 종부가 예수 믿는 사람이었다니!

누구의 편도 들 수 없는 상황에서 30분이 넘도록 팽팽한 싸움이 계속됐다. 부모님 쪽에선 목숨이 달아나도 양보할 수 없는 문제였고, 아내 편에서도 생명을 건 투쟁이었다.

아무리 생각해도 결말을 낼 수 없는 전쟁이라는 판단이 섰다. 가장 좋은 방법은 우선 이 자리를 피하는 것뿐이었다. 그때 한 가지 묘안이 번쩍 떠올랐다.

"아버지, 저한테 3개월만 시간을 주시이소. 그 안에 꼭 개종시키겠심니더. 만약 안 되믄 제가 이혼해버릴 테니 걱정 마이소."

"좋다. 니 뜻이 그렇다면 그리 해보자. 석 달이대이!"

아버지는 손가락 세 개를 치켜들고 흔들며 다짐하셨다. 나는 나름대로 자신이 있었다. 성정이 온순하고 착한 아내, 내가 무슨 말을 해도 곧이곧대로 믿어주는 아내, 거역 한 번 없이 내 뜻을 따르던 아내를 생각하면 3개월 안에 개종시키는 것쯤은 누워서 떡 먹기라고 확신했다.

"예, 아버지요, 절대로 걱정 마이소. 석 달 내로 틀림없이 마음을 돌려놓고야 말겠심니더."

_개종을 하긴 했는데…

그리하여 일단은 휴전협정이 이루어졌다.

석 달 후엔 어찌 될지언정 일촉즉발의 전운이 감돌던 눈앞의 전면전은 그나마 피할 수 있었다. 그러나 이것은 시한부 평화인지라 집안엔 늘 긴장이 감돌았다.

아버지는 나와 마주칠 때마다 유형무형의 압력을 넣으셨다. 당시 우리 집은 오래된 한옥이어서 화장실이 대문 옆에 붙어 있었다. 아침 나절 어쩌다 화장실을 오가는 길에 마주치기라도 하면, 아버지는 한쪽 손으로 허리춤을 잡으시고 다른 손으론 손가락 세 개를 들어 보이시며 "야! 석 달 다 되어 간대이!" 하고 으름장을 놓으셨다.

두어 달이 후딱 지나가고 약속한 석 달이 눈앞에 다가오고 있었다. 참 희한하게도 아버지께 약속한 그대로 개종이 되긴 됐다.

그런데 개종된 사람은 아내가 아니라 나였다.

아내의 뜻을 돌려놓겠다고 아버지와 약속하고 난 뒤부터 내겐 스스로도 이해 못할 변화가 생겼다. 그 당시까지는 신혼재미에 푹 젖어 퇴근만 하면 곧장 집으로 달려와서 딸 소영이와 아내의 얼굴을 번갈아 쳐다보는 게 가장 큰 낙이었는데, 어느새 가족이라는 존재가 시들해지기 시작한 것이다. 반면 그동안 직장에서 별로 친하지 못했던 동료들과 자주 어울리게 됐다.

가정의 울타리 밖에서 또래끼리 노는 시간이 많아지는 만큼 술자리가 잦아졌고, 그때마다 자연스럽게 화투판이 벌어졌다. 처음엔 장난으로 시작한 게 날이 갈수록 판이 커졌고 동료들의 얼굴도 승부욕으로 굳어 갔다.

고스톱에 별다른 경험이 없던 나였지만 일단 배우고 나니 그 짜릿한 재미를 떨쳐낼 수 없었다. 늦게 배운 도둑질이 밤새는 줄 모르듯이 나는 밤낮 가리지 않고 화투판을 전전했다.

고스톱이 재미없어지자 화투판은 자연스럽게 노름으로 치달았다. '도리짓고 땡, 섰다, 삼봉…' 등 화투로 할 수 있는 도박은 모조리 섭

렵했다. 아내는 일주일에 4, 5일을 노름판에서 자고 들어오는 남편의 다양한 거짓변명을 조금도 의심치 않았다. 누구네 초상, 돌잔치, 집들이, 회식 등의 핑계가 현란하게 이어졌다.

그렇게 지내던 어느 날 정신을 차리고 보니 빚이 산더미처럼 불어나 있었다. 가진 돈을 몽땅 잃고도 생빚만 오백만 원이 넘었으며, 그중엔 공금도 꽤 많이 포함돼 있었다.

그 돈을 채워 넣지 못하면 큰 문제가 생길 게 뻔하므로 어떻게든 마련해보려고 동분서주했다. 그러나 이미 돈을 구할 수 있는 곳엔 다 손을 벌렸던 터라 더는 빌릴 데가 없었다. 날짜는 꼬박꼬박 다가오고 돈은 준비되지 않고, 나는 쓰디쓴 혓바닥으로 바짝 마른 입술만 핥아댔다.

결국 견디다 못해 아내에게 사실대로 털어놓기로 작정했다. 처갓집이 넉넉한 편이라 아내가 긴급구제자금을 동원해주리라는 계산에서였다. 드디어 아내와 단둘이 앉아 조심스레 이야기를 꺼냈다. 뒷머리를 긁적거리고 말을 더듬으며 최대한 미안한 듯 운을 뗐다.

"여보, 나 정말 곤란한 일이 생겼거든…. 우짜다 보니까 친구들하고 어울려서 장난삼아 화투를 쳤는데… 그만 빚을 많이 지고 말았능기라."

아내는 꿀 먹은 벙어리같이 나를 쳐다보기만 했다.

무안함으로 내 목소리는 모기소리처럼 기어들어갔다.

"고, 공금도 제법 들었는데… 못 갚으믄 큰일인데…."

이쯤 되면 "아이고, 내가 몬 살아!" 하든지 "도대체 이 남자가 정신이 있는 기가 없는 기가?" 하면서 울고불고 해야 할 텐데, 너무 조용하니 오히려 겁이 났다. 눈을 살그머니 위로 치뜨고 아내를 훔쳐보니 놀랍게도 아내는 방그레 웃고 있는 게 아닌가?

"소영이 아빠예, 당신만 하나님 앞에 돌아온다믄 그까짓 돈이 뭐가 아깝겠능교? 걱정 마이소. 내가 우째 한번 만들어 볼께예."

이게 무슨 천사표 소린지!

우선은 살았다는 안도감으로 한숨을 내쉬었으나, 생각하면 할수록 아내의 행동이 신기하기만 했다.

'예수를 믿으면 다 저렇게 되나?'

비자금 통장으로도 오백만 원을 만들기엔 역부족이었던지, 아내는 결국 목걸이를 풀고 장롱을 열어 결혼예물까지 꺼내 남김없이 팔아 왔다.

다행히 그 돈으로 빚을 갚고 일단은 위기를 넘겼지만 그날 이후 나는 세상에서 가장 볼품없는 남편으로 전락하고 말았다. 때마다 아내에게 보석을 선물하진 못할망정, 오히려 결혼기념으로 해준 패물마저 몽땅 팔아치우게 했으니…. 사업이라도 하다가 어려워서 그랬다면 또 모를까, 노름빚 때문에 그리했다는 건 견디기 어려운 수치였다.

　무슨 수를 써서라도 아내에게 진 빚을 갚아야 했다. 그렇지 않고선 평생 아내에게 코가 꿰여 큰소리 한번 못 치고 살아야 할 테니 눈앞이 캄캄했다.

　하지만 무엇으로 이 엄청난 빚을 갚을 수 있을까?
　아내가 가장 기뻐할 일이 뭘까?
　그렇다. 교회에 나가주는 것!
　아내의 가장 간절한 소망이 바로 그것이라는 사실에 생각이 미쳤다. 하지만 나는 종갓집의 종손이 아닌가? 그런 내가 교회에 간다는 건 말이 안 된다.

　그러나 또 한편으론, 교회를 다닌다고 꼭 예수를 믿는 것도 아니고 교회라는 곳은 성탄절 때나 연애를 하기 위해서도 드나들 수 있는 곳이 아니겠냐고 스스로 위로했다.

　마침내 아내를 즐겁게 해줌으로 빚을 갚을 수만 있다면 그 정도는 충분히 할 수 있다고 작정하기에 이르렀다. 그러나 도대체 얼마 동안이나 교회를 나가주어야 할까? 며칠을 두고 생각한 끝에 결심했다.

　딱 열 번만 가주자!
　교회에 한 번 갈 때마다 50만 원씩 공제하는 걸로 해서 열 번이면 500만 원의 빚을 다 갚을 수 있다는 우스꽝스러운 나만의 계산법이었다.

  이렇게 아내에게 빚 갚을 심정으로 교회에 나가기 시작한 후 몇 달이 훌쩍 흘렀다. 아내를 개종시켜 우리 집안의 풍습을 따르도록 하든지, 아니면 내 편에서 이혼을 감행하겠다고 부모님과 약속한 석 달 시한은 벌써 지나버렸고, 오히려 내가 교회에 출입하게 됐으니 문제는 더 복잡해지고 말았다.

  나는 아버지와 얼굴을 대하는 것 자체가 두려웠다. 종손으로서 가문의 법도를 저버리고 아내를 따라 교회에 드나드는 것에 죄의식을 느꼈을 뿐 아니라, 아버지가 교회 문제를 꺼내실 때마다 변명할 말을 찾지 못해 힘들었다. 몇 달이 지난 어느 날, 드디어 아버지가 정식으로 나를 부르셨다.

  "야! 니가 느그 댁을 개종시킨다 카더니 알고 보니 니마저 예배당에 나간다꼬? 이놈아가 죽을라꼬 환장을 했제? 조상님들 앞에 벼락 맞을라꼬 악쓰는 기가 뭐꼬? 종손이 야소쟁이라 카믄 온 문중이 발칵 뒤집힐 낀데!"

  노기등등하여 꾸중을 퍼부으시는 아버지 앞에서 나는 제법 그럴듯한 변명을 늘어놓았다.

  "아버지예, 제 말 좀 들어보시이소. 제가 종손 아입니꺼? 그런데 지가 어떻게 예수쟁이가 되겠심니꺼!"

"그라믄 교회는 와 나가노? 엉?"

"소영이 에미를 개종시킬라꼬 보니 의외로 예수 믿는 병이 깊습디더. 웬만큼 해선 도저히 안 될 정돕니다. 그래서 제가 직접 교회엘 나가 비리와 부조리 같은 걸 수집해다가 소영이 에미 앞에 증거로 탁 제시해놓고 꼼짝없이 개종시킬라꼬 가보는 깁니더."

내가 생각해도 제법 말이 되는 소리였다.

아버지도 내 임기응변에 납득이 되셨는지 진지하게 물으셨다.

"그래? 교회에 가보니 어떻더노?"

"아이고, 아버지예. 진짜로 교회는 갈 데가 못 되는 곳이라요. 어찌나 복잡하고 무질서한지, 그저 돈만 내라 카고…. 지금 상당한 증거를 확보해놓았심더. 호랑이 잡을라꼬 호랑이 굴에 잠시 들어간 것뿐이니까 너무 걱정하지 마시이소."

흐뭇한 표정으로 나를 바라보시는 아버지.

'역시 맏아들 하나는 확실하게 됐구나' 하시는 회심의 미소가 역력했지만 내 가슴은 더욱 조여들었다. 차라리 믿음이 있었다면 죽을 각오라도 하고서 부모님 앞에 꿇어앉아 "주 예수를 믿으십시오. 그러면 모두 구원을 얻을 겁니다!" 하고 외치기라도 했겠지만, 억지춘향격으로 교회를 출입하는 내게 믿음이라곤 털끝만큼도 없었으니….

_제사 지내기 싫다!

　신앙을 부모님께 들켜버린 아내는 그때부터 아예 노골적으로 교회에 나가기 시작했다. '죽일 테면 죽여주이소' 하는 배짱이었다. 부모님은 아내가 교회에 나가는 게 미웠지만, 머잖아 자랑스러운 장남이 본때 있게 개종시켜 우리 사당에 다시 큰절을 시키든지 아니면 이혼해버리든지 양단간에 결단을 내리라 확신하고 계셨기에 부글거리는 속을 꾹꾹 눌러 참고 계셨다. 그러나 기막힌 상황이 연이어 이어졌다.

　쉴 새 없이 돌아오곤 하는 어느 제삿날, 어머니가 아내를 부르셨다.
"에미야, 오늘 증조 할매 제삿날이대이. 가서 장 좀 봐오너라."
　한옥 창호지 방문을 열고 아내가 마당으로 나오며 대답했다.
"어무이예, 지는 이제 우상한테 제사하는 제물은 사러 못 갑니더."
　어머니에겐 마른하늘에 날벼락 같은 소리였다. 17세에 종가의 맏며느리로 시집와서 한평생 조상제사와 가문의 엄한 법도 아래 살아온 어머니에게 그 소리는 극도의 패역이요 불효였다.
"방금… 니 뭐라 캤노?"
"어무이예, 인제 지는 죽으라 카믄 죽는시늉까지 할 수 있어도 우상 섬기는 일엔 손끝 하나도 댈 수 없심니더. 용서하시이소."
　멍하니 서서 이 천하의 부도한 며느리를 쳐다보시던 어머니는 그대로 마당에 털썩 주저앉아 땅바닥을 치며 대성통곡하기 시작하셨다.

"동네 사람들아, 내 말 좀 들어보소. 세상에, 종갓집 종부가 제삿장 보러도 못 가겠다니, 아이고…!"

어머니는 가문의 전통이 허물어지는 절망감과 함께 며느리에 대한 분노를 억제하실 수 없었다. 저녁 무렵이 다 되도록 어머니의 고함과 채근은 계속됐지만, 며느리는 방안에 틀어박혀 울고만 있을 뿐 요지부동이었다.

먼저 답답해진 것은 어머니 쪽이었다. 장바구니를 들고 제삿장을 보러 나가시던 어머니는 분을 삭이지 못해 멀찍이 며느리 방을 향해 당신이 하실 수 있는 모든 분풀이를 다 하셨다.

시장을 다녀오신 후, 제사음식이라도 장만하라고 명령했지만 며느리는 여전히 고개를 숙인 채 "어무이예, 제가 다른 건 다 할 자신 있지만 제사는 안 됩니더. 제발 저를 이해해주시이소" 했다.

아무리 이해를 호소해도 부모님의 가치관으론 애당초 이해할 만한 문제가 아니었다. 갈등은 나날이 심해졌고 그만큼 분노의 골도 깊어갔다.

아내는 부모님께 용돈을 드릴 때도 꼭 달력을 들춰보고 제삿날이 지난 후에야 드렸다. 용돈을 제사음식 사는 데 쓰시는 것조차 싫었기 때문이다. 아내의 이런 모습을 지켜보며 나는 참 많은 생각을 했다.

절대순종형인 저 여자의 어디에서 저토록 무서운 힘이 나오는 걸까? 신앙이란 과연 무엇일까?

그런데 더 낭패스러운 일이 벌어지기 시작했다.

내가 주일마다 부모님의 감시를 피해 이런저런 핑계를 대며 아내 뒤를 따라 교회에 나간 지도 꽤 여러 달이 됐다. 어느덧 내심 약속한 열 번의 교회출석에 종지부를 찍어야 할 날이 다가온 것이다.

'오늘로써 교회도 끝이구나. 열 번이나 나가주었으니 아내를 대할 때마다 짓눌러오던 인간적인 부담감에서 이젠 해방되겠지.'

그런데 그게 아니었다.

오히려 이상한 기분이 드는 게 아닌가.

'만약 교회에 정말 어떤 신이 있어서, 열 번씩이나 잘 나오다가 갑자기 발길을 뚝 끊어버린 게 괘씸하다고 밤중에 찾아와 해코지라도 하면 나만 손해 아이가? 아내 따라 교회 좀 다닌다고 예수를 믿는 것도 아니고 가문을 배신하는 것도 아닌데, 좀 더 다녀봐?'

생각이 여기에 미치자 배짱이 더 커졌다.

'까짓거, 이럴 바에야 아내를 좀 더 기쁘게 해주지 뭐. 그리고 혹시 교회에 있는 신이 복을 주면 그건 그것대로 받고, 또 우리 조상님들이 주는 복도 같이 받으면 좋잖아? 보험도 한 개보다 두 개 들어놓는 게 나으니까.'

이런 마음을 먹고 어정쩡한 모습으로 부모님의 낯을 피해가며 교회에 드나들던 어느 날 아버지의 호출을 받았다. 이런저런 집안 얘기들을 나누다가 아버지가 내 얼굴을 똑바로 한참 쳐다보시더니 근심스러운 표정으로 물으셨다.

"애비야, 너 호랑이 굴에 너무 오래 들어가 있는 거 아이가?"

뜨끔했으나 태연한 척 대답했다.

"예, 아버지. 이제 곧 다 돼 갑니더. 조금만 더 기다려주시이소."

"알았다. 나는 니만 믿는대이."

아버지 방을 물러 나오는 내 등에 식은땀이 주르륵 흘렀다. 이 문제가 해결되지 않으니 한 지붕 아래 같이 살면서도 지옥이 따로 없었다. 늘 눈치를 살피며 조마조마해야 하는 '새가슴 인생'이었다.

그런데 이보다 더 큰 문제가 생겼다.

어느 날 아침 출근하려고 막 대문을 나서는데 어머니가 부르셨다.

"애비야! 오늘 송당할매 제삿날이니께 일찍 들어 오거래이."

"예, 어무이요. 알겠심더."

반사적으로 대답을 하고 몇 걸음 옮기는데 갑자기 마음 깊은 곳에서 이상한 생각이 울컥 솟구쳤다.

'아, 제사 지내기 싫다!'

뭐라고? 제사를 지내기 싫다고?

난생처음 접한 이 생각은 나 자신에게 청천벽력이었다. 결코 있을 수 없는 일이었다. 어릴 때부터 제사문화 속에서 자라며 제사만이 인생의 최고 가치라고 굳게 믿고 살아온 내가 아닌가.

어떤 어려운 일이 있어도 제삿날만큼은 목숨처럼 지켰다. 장티푸스에 걸려 고열을 앓으면서도 제사엔 엉금엉금 기어서 참여할 정도로 제사는 내게 신앙 이상이었다.

그런데 그날 아침 아무 이유도 없이 돌연 제사 지내기 싫은 마음이 든 것이다. 출근하던 나는 이 충격을 이기지 못해 대문 앞에 우뚝 서 버리고 말았다.

'아니, 이게 무슨 일이고? 종손이 제사 지내기 싫다는 게 말이나 되는 소리가?'

'그래도 제사는 지내기 싫다.'

두 마음이 격렬하게 싸우기 시작했고, 이 싸움은 통근버스 안에서도 계속됐다. 출근해서 자리에 앉았지만 일이 손에 잡히지 않았다. 내가 왜 이럴까? 대체 무슨 이유일까? 아무리 생각해도 까닭을 알 수 없었다.

오전 내내 이 두 마음으로 번민하던 나는 결국 '제사 지내기 싫다'는 쪽의 생각에 손을 들어주었다. 그날 숙직담당자를 확인해서 대신 해주겠노라 하고 집에 전화를 걸었다.

"어무이요, 오늘 갑자기 숙직이 걸렸어요. 제사 지내러 못 가겠네요."

"하필이믄 제삿날 무슨 일이고? 누구하고 한번 바꿔봐라."

"아무리 애써봐도 도저히 바꿀 사람이 없네요."

"정 그라믄 할 수 없제, 쯧쯧쯧….'

그날 숙직실에서 이리 뒤척 저리 뒤척 하며 뜬눈으로 밤을 지새웠다. 조상님들께 차마 면목이 서지 않았다.

그다음 제삿날에도 마찬가지였다.

제사 지내기가 죽기보다 싫었다. 그런 날은 집 근처 가게에서 일부러 소주를 병째로 벌컥벌컥 들이마시곤 만취한 척 휘청거리며 집에 들어가 '불가항력'이었다고 술주정을 했다. 그럴 때면 아버지는 혀를 끌끌 차시며 "종손이 제삿날 술에 취해 들어오다니!" 하고 꾸중을 퍼부으셨지만 어쩔 수 없었다.

방에 쓰러져 헛소리를 해대는 맏아들과, 죽기를 각오하고 제사에 동참하지 않는 맏며느리를 바라보는 부모님은 정말 억장이 무너지셨을 것이다.

이 핑계 저 핑계를 대가며 제사에 불참하는 횟수가 늘어날수록 아버지의 눈초리는 무섭게 변해갔다.

"너! 알고 보니 니 마누라한테 홀려서 가문을 배신하고 예배당에

다니는구나. 네 놈을 아예 족보에서 파버리기 전에 빨리 태도를 결정해라!"

어머니도 그냥 계실 리 만무했다.

"니가 그럴 줄 몰랐대이. 세상이 다 변해도 애비 니는 변하지 않을 줄로 믿었는데 이럴 수가 있나! 조상님 사당 앞에 낯을 못 들겠구나!"

나에 대한 부모님의 분노와 서운함이 커질수록 고민과 갈등의 골은 깊어만 갔다. 그러나 날이 갈수록 제사 지내기가 죽기보다 싫어졌고, 그것은 내게 풀 수 없는 의문점이었으며, 훗날 청송감호소에서 하나님을 만난 후 명확한 해답을 얻기까지 끊임없이 나를 괴롭힌 숙제였다(내가 얻은 제사에 대한 놀라운 해답과 온 가족의 구원에 관한 이야기는 2권 〈하나님은 아무도 포기하지 않는다〉에 자세히 밝혀놓았다).

_교도소로 부르시다

부모님과 아내 사이에 끼어 종교적 갈등에 제사 문제까지 겹친 나는 매사에 의욕을 잃어갔고 직장생활도 시들해지고 말았다. 당시 나는 대구시 중구청 세무2과에 근무했는데 나름대로 장래가 보장되는 위치였다. 그러나 날이 갈수록 직장에 출근하는 것 자체가 무기력해졌고, 밤낮으로 맴도는 생각은 '이 지겨운 상황을 어떻게 탈출하나?'

하는 것뿐이었다.

　이런저런 궁리 끝에, 현재 내가 처한 모든 악조건을 극복할 수 있는 유일한 길은 대구를 떠나는 것이라는 결론을 내렸다. 그날부터 '어떻게 하면 부모님을 벗어날 수 있을까'를 주야로 묵상(?)하기 시작했다. 인간적으로 생각하면 말도 안 되는 불효지만 그때 내 처지는 앞뒤 가릴 여유가 없을 만치 절박했다.

　그러던 어느 날 신문에서 교정직 7급 채용시험 공고를 보게 됐다. 알아보니 교정 간부직원은 한 곳에서 2~3년 근무하면 다른 곳으로 옮겨야 하는, 그야말로 '전국구' 공무원이었다. 수십 개의 교도소·구치소·감호소가 전국에 산재해 있으니 내가 찾는 조건에 딱 들어맞는 직장이 아닐 수 없었다. 나는 아내와 비밀회담을 열었다.

"여보, 나 직장을 옮기고 싶은데…. 아무래도 아버지 밑에선 이대로 배겨나가기 힘들 것 같아."
"어디로 옮길 껀데예?"
"응, 교정직."
"교정직이라꼬예? 신문사나 출판사에서 글자 교정하는 거 말입니꺼?"
"그게 아니고 교도관 말이야."
"엄마야! 교도관요? 정말 괜찮네예. 당신이 거기서 죄수 한 사람이라도 새사람 만들 수 있으믄 참말로 멋진 일이지예. 내사 당신이 시장, 군수 하는 거보다 그게 훨씬 더 좋네예."

아내 역시 부모님 아래서 정신적 압박을 받으며 살기 힘들던 터에, 종갓집을 벗어날 수 있다는 기대로 한껏 기분이 좋아져서 활짝 웃으며 내 손을 잡고 격려해주었다.

"시험날짜도 얼마 안 남았는데 입에 거품 물고 열심히 공부해 보이소. 나는 우리 하나님한테 간절히 기도하께요."

"그래, 어차피 한번 마음묵은 거, 끝장을 봐야 안 되겠나?"

"여보, 이거 한번 읽어 보이소. 다니엘이라는 성경인데요…."

아내를 따라 교회를 나가긴 했어도 성령, 은혜 등등 그들이 사용하는 용어에 대해선 괜스레 비위가 뒤틀려 있다는 걸 아는 아내는 내 눈치를 보며 조심스레 성경책을 펴놓았다. 별로 내키진 않았지만 아내의 성의를 봐서 읽는 흉내는 내줘야겠다는 생각으로 아내의 손끝이 가리키는 대로 읽어 내려갔다.

"지혜 있는 자는 궁창의 빛과 같이 빛날 것이요, 많은 사람을 옳은 데로 돌아오게 한 자는 별과 같이 영원토록 빛나리라. 다니엘 12:3"

하나님의 손길이 차츰차츰 내 삶에 더 깊이 개입하신다는 사실을 아직 깨닫지 못한 채, 나는 드디어 본토·친척·아비 집을 떠나 전혀 생각지도 못했던 15척 담장 안을 향해 돌진하고 있었다.

청송, 죽은 자의 땅

    사회보호법에 따라 수용된 보호감호자들의 한숨조차 빠져나갈 길 없는 청송골짜기.

    사회보호법은 5공화국 통치 초반인 1981년에 그 모습을 드러냈다. 정부는 재범 우려가 높은 상습 누범자들을 격리해 사회를 보호한다는 취지 아래, 동일한 죄명의 전과 3범 이상·형기 합산 5년 이상의 전과가 있는 사람이 다시 같은 죄를 지을 경우 보호감호를 부가적으로 선고했다.

    과거엔 죄를 지어도 그 죄에 해당하는 벌만 받으면 석방됐다. 그러나 이 법이 시행되자 저지른 죄에 따른 형을 마치고서도 출소하지 못하고 죄의 경중에 따라 5년, 7년, 10년 등의 기간 동안 경북 청송군 진보면에 위치한 보호감호소에서 더 복역해야 했다.

청송교도소에서 징역형을 다 살고 나면 곧이어 청송1감호소로, 그리고 법에 규정된 상당한 기간이 지나면 다시 청송2감호소로 이송된다. 따라서 감호자들은 극심한 심리적 압박을 받았다.

1984년 어느 날, 나는 첫 발령지였던 부산교도소에서 3년간 근무하다가 청송2감호소로 전근 명령을 받았다. 위치도 오지이며 근무여건도 열악해 교정직원들이 가기를 꺼리는 청송 땅!

아내와 어린 남매를 트럭에 태우고 현기증 나도록 꼬불꼬불한 산고개를 넘어 들어가는 길은 삭막하기만 했다.

청송에서의 교도관 생활은 그렇게 시작됐다.

감호소에서 내가 맡은 일은 재소자공장을 책임지는 주임이었다. 10개가 넘는 공장에선 종이제품·목제품·축구공 등을 만드는 작업이 이루어졌고, 공장마다 100여 명의 감호자들이 일했다. 소위 '흉악범'들이 빽빽이 모여 제각기 칼·끌·톱 등을 가지고 작업했으나 이들을 지키는 사람은 교도관 한두 명뿐. 얼핏 생각하면 날마다 대형사고가 터질 것 같지만 그런대로 질서가 유지됐고, 대부분의 감호자들이 별 문제없이 자기 생활을 감당해나가고 있었다. 그러나 시간이 지날수록 분위기는 험악해져 갔다.

감호자들 대부분은 고아출신이었으며, 평균 3, 40대 나이에 짊어진 징역 보따리는 10년, 15년, 20년…. 그러니 거의 노인이 돼서야

바깥세상을 구경할 수 있는 셈이었다.

 그나마 가족이나 재산이라도 있다면 일말의 희망이라도 가지련만, 아무것도 없는 자신들의 처지를 생각하면 자포자기 상태가 될 수밖에 없었다.

 감호소 내의 의식주는 그리 탓할 게 없었지만 그것으로 마음의 고통까지 달랠 순 없었다. 그들은 마치 침몰하는 군함처럼 인생의 심해를 향해 서서히 가라앉고 있었다.

_충돌

 부임한 지 얼마 되지 않아 독방을 순찰할 때였다.

 전국에서 내로라하는 자들을 수용하고 있는 무시무시한 감호소 안에서도 사고를 치는 자나 특이성격의 소유자, 혹은 타인과 화합하지 못하고 싸움이나 난폭한 행동을 일삼는 이들은 따로 격리해 독방에 수용한다. 한 평 남짓한 독방에 갇힌 그들은 짐승에 가까운 모습을 보이는 경우가 많다.

 나는 그곳을 돌아볼 때마다 각 방에 수용된 사람들을 창틀 너머로 유심히 살피곤 했다. 긴 세월 동안 수용생활에 찌든 인생의 고된 무게가 그들의 표정과 동작에 그대로 배어 있었다.

그들은 철창 밖의 인기척에 밖을 흘끔 내다보다가 나와 눈이 마주치면 마지못해 슬그머니 일어나 인사를 했다.

"갱생(更生)!"

모든 조직마다 독특한 인사구호가 있듯이 이곳에선 '새롭게 살자'는 뜻으로 '갱생'을 외쳤다. 그들이 이 구호로 인사할 때마다 나도 거수경례를 하며 한 방 한 방 스쳐 지나가곤 했다.

그날도 방마다 순찰하던 중이었다.

복도 중간쯤 지났을까? 한 수용자가 반쯤 일어나 앉아 이쪽을 바라보다가 인사하려는 듯한 자세를 취했다. 당연히 '갱생'을 외칠 줄 알고 반쯤 답례를 했는데, 그 친구는 그 자세 그대로 이쪽을 뚫어지라 쳐다보고만 있었다. 그 방을 지나쳐 다음 방 앞에 이르렀으나 조금 전 그의 모습이 잔상으로 남아 야릇한 기분을 자아냈다.

'아무리 생각해도 그 눈초리는 내게 시비를 걸어오는 도전이 분명한데…'

그냥 지나칠까 말까 잠시 주저하다가 '이곳 청송에 온 후 첫 거래인데 밀릴 순 없잖아? 어떤 녀석인지 알고나 보자'는 생각이 굳어져 걸음을 되돌렸다.

철창 사이로 방안을 들여다보니 아니나 다를까, 여전히 싸늘한 눈빛으로 밖을 노려보고 있는 게 아닌가. 철창을 사이에 두고서 순간적으로 치열한 눈싸움이 벌어졌다. 무언중에 눈 한 번 깜박이지 않고 서로 노려보는 긴장감 넘치는 시간이 이어졌다.

10초… 20초….

제법 시간이 지났을 무렵 마침내 적막을 깨고 독방 속의 사나이가 불쑥 입을 열었다.

"뭘 보우?"

순간 나도 빈정대고 싶은 치기가 불끈 솟아 맞받아쳤다.

"니 본다. 와?"

"왜 보우?"

"보고 싶어 보지!"

말 같잖게 시작된 다툼이 정도가 지나쳐 급기야 그가 입에 거품을 물기에 이르렀다. 그는 혈기를 참지 못해 벽에다 머리를 마구 찧어대기 시작했다. 뻘겋게 충혈된 눈은 야수의 눈 같았다.

그러나 나 역시 물러날 상황은 아니었다.

그를 제압하려고 맞받아 고함을 질러댔다. 담당근무자가 놀라서 달려왔다. 이곳을 관리하는 부책임자도 쫓아왔다. 눈을 꿈뻑이며 내 팔을 잡고 출입구 쪽으로 이끄는 담당자를 못 이기는 체하고 따라가는데, 발악하는 재소자를 달래는 직원의 목소리가 내 귀에 들렸다.

"야야, 제발 니가 좀 참아라."

걸음이 멎고 말았다.

아니, 누구보고 참으라는 건가?

나한텐 일언반구 없이 오히려 독방 속의 흉악범에게 참으라니, 세상이 거꾸로 돼도 한참 거꾸로 됐구나!

억지로 사무실로 돌아와 분을 삭이고 있는데, 이번엔 비상벨이 울렸다. 위치를 확인하니 조금 전 다투었던 바로 그 감방이다. 기동타격대와 함께 부리나케 달려갔다.

녀석의 독방을 창틀 너머로 들여다보니, 세상에, 바느질하라고 넣어 준 바늘과 실로 제 눈을 꿰매버린 게 아닌가! 그것도 잘 보이라고 검은 실로 말이다.

흔히 흉악범들이 자기 몸을 자해한다는 소리를 듣긴 했어도 직접 내 눈으로 보고 나니 다리가 덜덜 떨리고 속이 메슥거렸다. 그러나 나도 질 순 없었다. 오히려 더 위엄있는 표정을 지으며 아랫배에 힘을 주고 큰 소리로 나무랐다.

"야! 니 무슨 짓이고? 당장 풀지 못하겠나? 앙?"

아무리 고함을 지르며 나무라도 묵묵부답이다.

"정말로 말 안 들을 끼가? 야, 이 자슥아!"

한참 만에 녀석의 입에서 나오는 말이란!

"자꾸 귀찮게 하면 입까지 꿰맬 거요."

내심 놀랐으나 '눈은 피부가 얇아서 꿰맬 수 있다 해도 입이야 두꺼운데 어찌 그럴 수 있나' 하는 생각이 들었다. 그래서 지독한 경상도 사투리로 쏘아붙였다.

"꼬맬 테면 꼬매 봐라!"

"책임질 거요?"

"암마, 니 아가리 니가 꼬매는데 내가 와 책임지노? 니 멋대로 해라!"

녀석의 안색이 험악하게 변했다. 창틀 밑을 손으로 더듬어 뭔가를 불쑥 집어 드는데, 자세히 보니 대나무 젓가락을 부러뜨려 시멘트 바닥에 날카롭게 갈아서 만든 초대형 이쑤시개였다. 미처 말릴 여유도 없이 그는 자신의 아래위 입술을 움켜쥐곤 날카로운 대나무 젓가락으로 아래에서부터 위로 꼬치 꿰듯 뚫어버렸다.

양 눈을 꿰매고 입술마저도 꿰맨 그가 피를 철철 흘리며 내 앞에 앉아 있었다. 사람으로서 상상할 수 없는 짓을 해놓고도 잘난 듯 으스대는 모습 앞에 할 말을 잃고 노려보는데, 직원들이 달려와 원망스레 내 팔을 잡아당겼다.

"아, 글쎄, 주임님. 왜 자꾸 건드려서 사고 치게 만듭니까? 그만 이리 오십시오."

그러고는 또 감방을 향해 말했다.

"제발 니가 좀 참아라."

사무실로 돌아오면서 갖가지 생각이 머리를 맴돌았다.

참 희한한 동네다. 여기서 어떻게 견뎌낼까….

하늘을 날아가던 철새도 이곳 청송감호소 위로는 지나가지 못한다고 한다. 인생의 막장에서 내일을 포기한 이들이 뿜어대는 독기가 회오리바람처럼 하늘로 솟구치니 살모사도 견딜 수 없으리라.

그때 나는 집사 5년째였다.

그러나 이름만 집사일 뿐 생각하고 행동하는 건 불신자와 다름없었다. 하나님이란 실존하는 신이 아니라 그저 교회에서 종교적으로 믿는 대상일 뿐이라 여겼다.

"할렐루야!"

목사님과 교인들이 틈만 나면 오른손을 높이 쳐들고 외치는 이 소리를 들을 때마다 머리가 지끈거렸다. 도대체 하나님이 어디 있단 말인가? 인간이 만들어낸 허상의 존재를 두고 교인들이 '살아계신 하나님' 운운하는 것도 다 자기를 위로하고 그 속에 안주하려는 얄팍한 속임수가 아니고 무엇인가? 예수님이 석가, 마호메트, 공자와 다를 바가 뭔가?

내게 하나님이란 우리나라의 단군처럼 이스라엘의 건국신 정도일 뿐 그 이상도 이하도 아니었다. 인도에서 발상된 불교가 우리에게 흘러들어왔듯이, 이스라엘에서 창시된 여호와 종교가 우리에겐 예수교가 된 것뿐이며, 종교란 그저 마음 편하고 착하게 살게 하면 그 본래 의미를 다 하는 것이라 여겼다. 그래서 늘 열심히 기도하고 봉사하는 아내를 향해 '맹목적인 광신'이라고 타박했다.

"기도한다고 누가 들어주나? 말도 안 되는 소리 말아. 기도하는 사람들이 수도 없이 많은데, 하나님인들 우째 그 기도를 다 듣는단 말이고? 기도란 자기만족, 카타르시스에 지나지 않는 기라."

그런데도 교회 다닌 기간이 오래되다 보니 교회문화엔 퍽 젖어 들었다. 시간이 지날수록 몸에 밴 익숙함과 불신앙이 엮어낸 작품은 실로 가관이었다.

하나님에 대한 신앙이나 거룩함에 대한 열망은 애당초 기대조차 못할 수준이었기에, 교회문을 나서는 즉시 세상기준에 따라 살아가는 것이 내겐 지극히 당연했다.

하루 평균 한 갑 반의 줄담배, 종류를 가리지 않는 음주실력, 틈만 나면 모여 앉아 쳐대는 고스톱, 낚시, 테니스, 바둑, 장기 등등 온갖 잡기가 내 주변을 떠나지 않았다. 마음에 갈등이 심할수록 나는 이런 것들에 더 집요하게 매달렸다.

'어차피 세상은 다 그런 거야, 그럭저럭 살다가 끝나면 그뿐인 것. 개뿔 같은 인생!'

나는 지독한 냉소주의자, 회의론자로 변해갔다.

직장동료들과 어울려 밤낮없이 세상을 따라 사는 삶이 계속됐다. 모름지기 인간관계란 좋은 술자리에서 엮어지는 게 최고라며 나는 호연지기의 참뜻을 멋대로 해석하고 실행하는 것을 자랑으로 삼았다. 담배 꼬나물고 말술도 마다않고 화투 잘 치고 잘 노는 나를 직원들은 '한량'이라 불렀다.

"예수를 믿으려면 박 주임같이 믿어야 해. 얼마나 통이 크고 멋있냐? 교회는 교회대로 다니고, 놀 건 놀 것대로 다 즐기니 참 폭넓은 사람이야."

나는 이 말에 우쭐했다. 교회에서 고리타분하게 은혜타령만 하는 사람들이 오히려 쫌생이로 보였다. 술·담배·도박은 물론, 세상에서 좋다는 건 모조리 섭렵하며 살면서도 교인으로 행세하기를 부끄러워하지 않았다.

이런 상황에서 난폭한 감호자들과 맞부닥쳤으니 그들과의 관계가 우호적일 리 없었다. 나는 극도의 경계심을 가지고 그들을 대했고, 그들은 새로 부임한 공장책임자인 나를 상대로 투쟁의 기치를 높이 쳐들었다.

만나는 감호자들마다 눈초리는 싸늘했고 입가엔 묘한 냉소가 흘렀다. 무시무시한 사고가 꼬리를 물었으며, 직원들의 사기가 바닥에 떨어진 만큼 재소자들의 극성은 갈수록 하늘을 찔렀다.

_ 증오

　자기 눈과 입을 꿰매는 정도는 유치한 사고에 지나지 않았다. 수많은 자해사건과 인질난동극이 잇달아 일어나는데 참으로 감당키 어려웠다.
　어떤 수용자는 칼이나 유리조각으로 자기 배를 마구 그어서 피를 줄줄 흘리며 고래고래 고함을 지른다. 뱃가죽만 찢어지면 다행이고, 때론 창자가 삐죽삐죽 튀어나와도 눈 하나 깜짝 않고서 손바닥으로 꾸역꾸역 밀어 넣는다.
　또 누군가는 바늘 수십 개를 집어삼키고 배를 움켜잡곤 빨래 짜듯 비벼버리겠다고 위협하기도 한다. 더러는 자기 눈에 손가락을 찔러 넣고 눈알을 빼내겠다고 겁을 준다.
　한번은 형광등 전구를 깬 파편으로 자기 혀를 마구 썰어서 걸레처럼 만들어놓은 이가 있었다. 종합병원으로 옮겨 몇 시간이 넘는 대수술을 받고서야 겨우 봉합이 끝났다. 나중에 그에게 물어보았다.
　"야! 와 하필이면 혓바닥을 썰었노? 니는 덩치가 커서 엉덩이나 허벅지도 넓적한데, 거기나 썰지 혀가 무신 죄가 있노?"

"하이고 주임님요, 뭘 몰라도 한참 모르시네. 의사들이 사람 몸에서 제일 깁기 힘든 데가 바로 혓바닥인 기라요. 혀는 해면체로 돼 있어서 아무리 솜씨 좋은 의사라도 바늘이 쉽게 들어가길 합니꺼, 잘 잡히길 합니꺼. 그 의사 누군지 몰라도 내 혀 꼬매느라고 욕깨나 봤을끼요."

눈을 뜨고 바라보기조차 징그러웠다. 천하의 미물에게도 제 목숨을 보존하려는 본능이 있는데, 하물며 인간이 어쩌면 이토록 막된 행동을 할 수 있을까? 그러나 곧 이렇게 극악무도한 행위를 저지르는 그들을 이해하게 됐다.

이들 대부분은 고아 출신으로 불우한 환경에서 자랐고, 범죄세계에 발을 잘못 디뎌 전과자의 낙인이 찍혔다. 출소 후에도 다시 재범, 3, 7, 10…범. 거듭되는 징역살이와 출소의 쳇바퀴를 돌던 중 느닷없이 제정된 사회보호법의 올가미에 걸려 감호자가 되고 말았으니, 가진 것 없고 반겨줄 이 없는 세상에 대한 미련은 싹 사라지고 없었다.

상당수의 가족들마저 이들을 버렸다. 징역살이 한두 번 뒷바라지하는 데도 온 식구의 뼈가 마르고 가산을 탕진하는데, 횟수를 거듭하는 징역의 대행진에 지쳐 빠진 가족들은 치를 떨며 혈연관계를 끊고 소식 없이 떠나갔다.

기나긴 수용기간에 위로가 될 거라곤 전혀 없는 삭막한 삶.

이들의 마음속엔 절망과 자학이 태산을 이루기 마련이었다.

"나라가 우리를 버렸다."

"가족도 나를 버렸다."

모두에게 버림받았다는 처절한 마음은 결국 자신조차 스스로 포기하게 만든다. 오늘을 살아갈 의욕도 없고 내일에 대한 소망도 없다. 그저 처한 현실에서 동물적 반응을 보일 뿐. '어차피 잡초같이 밟혀서 끝날 인생! 짐승같이 살다가 짐승같이 죽어버릴 개 같은 내 인생! 기분 내키는 대로 살다 가지 뭐!' 하는 게 그들의 마음이었다.

이들의 막가는 인생은 명령과 법칙으로도 통제불능이었다.

자포자기가 일상이 되고 정신적인 공황상태가 유행병처럼 번지니 감호소 안의 규율과 질서는 상대적으로 약해졌다. 교도관들도 웬만한 범칙행위는 아예 못 본 체하며 '똥이 무서워 피하나? 더러워 피하지'라는 자위로 넘겨버리는 풍토가 만연했다.

날마다 수용자들의 허물어져 가는 모습을 보며 이래선 안 된다는 우려를 거듭하던 중, 뜻을 같이하는 직원들이 모였다. 특히 박 부장과 주 부장은 의협심에 불타서 규율을 바로 세워야 한다는 신념에 가득 찬 사람들이었다. 우리는 매일같이 각 사람의 집을 돌며 어떻게 하면 무질서를 바로잡을 수 있을까 치열하게 의논했다.

결론은 하나뿐이었다.

악한 저들을 이길 수 있는 길은 우리가 더 악해지는 것이다!

잔인한 저들을 통제할 수 있는 법도 우리가 더 잔인해지는 것이다! 난폭하고 무자비한 저들을 제압하려면 우리가 더 난폭하고 무자비해져야 한다!

결국 우리는 힘으로 다스리는 방법을 택했다.

승산은 충분히 있었다. 우리에겐 국가가 입혀준 제복이 있었고, 정당하게 집행할 수 있는 법이 있었다. 최악의 경우엔 무기를 사용할 수 있는 권한도 있었다.

우리는 반항하는 감호자들을 매서운 징계로 다스리기 시작했다. 극렬한 저항과 함께 평소보다 더 심한 난동과 자해가 잇따랐으나, 우리는 아무리 사소한 범칙행위라도 걸리기만 하면 용서하지 않았다.

징벌, 징벌, 또 징벌!

반항하는 사람들은 특히 엄하게 다루었고 때론 몽둥이를 휘두르는 불법을 자행하기도 했다. 스스로 생각해도 지나치다 싶을 만큼 난폭해져 가는 나 자신을 발견했지만, 내 심성도 이미 활을 떠난 화살처럼 제어불능 상태가 돼 있었다. 나는 매일 반복되는 싸움 속에서 모든 감호자들을 미워하기 시작했다. 그들이 입은 옷만 봐도 적개심이 이글댔다.

'느그들이 한 짓이 뭐꼬? 선량한 사람들이 평생 고생하며 모아놓은 재물을 칼 들고 들어가서 하룻밤에 다 뺏고, 자는 사람들을 덮쳐 온갖 협박과 공갈로 평생 지울 수 없는 상처를 남기고, 온 가족이 보는 앞에서 부녀자들을 욕보여 가정을 파괴한 느그들이 무신 잘난 짓을 했다고 여기까지 와서도 안하무인으로 놀고 있노!'

미웠다.

증오가 끓어올랐다.

누구도 용서하기 싫었다.

_지옥에서 온 박 주임

힘에는 힘.

제아무리 감호자들이 악을 써도 승부는 이미 결정 나 있었다. 우리는 죽음을 각오하고 규율위반자들을 잡아들였다. 무섭게 다스리는 우리 앞에 그들의 도전적인 반항은 결국 평정되고 말았다. 법과 질서가 권위를 되찾았고 직원들의 지시와 명령이 먹혀들어갔다.

나는 늘 이것이 자랑스러웠다.

고생스럽긴 했지만 이 공을 이룬 건 바로 내가 아니던가!

나는 어깨에 힘을 주고 활보했다. 악랄하게 그들을 대해 온 내게 감호자들이 '지옥에서 온 박 주임'이라는 별명을 붙여주었다. 그 소리가 얼마나 듣기 좋았는지 모른다. 그들이 내 강한 힘을 인정한다는 뜻으로 받아들여 우쭐했다. '싸늘한 태양'이라는 별명 앞에선 자랑스럽기까지 했다.

그러던 어느 날, 퇴근하고 집에 돌아와 저녁을 먹을 때였다.
밥상머리에 앉아 같이 식사하는 아내를 문득 쳐다보았다.
최순주.
소영이와 민이 남매를 낳아주고 못난 남편 만나 많이 고생하며 살아온 여인. 그토록 사랑하고 아껴왔던 그녀가 갑자기 생판 남 같은 느낌이 드는 게 아닌가! 의아한 마음에 아내의 얼굴을 연거푸 쳐다봤지만 그럴수록 서먹하기만 했다. 내 아내가 틀림없는데 남처럼 여겨지는 무심함에 나는 내심 당황했다.
이런 일은 처음이었다.
그뿐만이 아니었다.
잠들어 있는 어린 남매를 바라봐도 아무 감정이 일어나지 않았다. 쌔근거리며 자는 아이들이 분명 내 자식인 건 확실한데, 아비로서 느껴야 할 사랑이 생기지 않았다. 고슴도치도 제 새끼는 세상에서 제일 이쁘다는데….
'요즘 직장일이 너무 힘든데다 심한 스트레스 때문에 일어나는 일시적인 현상이겠지. 시간이 좀 지나고 푹 쉬면 괜찮아질 거야.'

처음엔 이렇게 단순히 생각했다.

그러나 이런 상태는 시간이 갈수록 더 악화됐다. 집에 들어와 가족들의 얼굴을 대하는 게 고문 같았다. 특히 어린 자식들이 양쪽 팔에 매달려 빰에 뽀뽀를 해대는 데도 아무 감정 없이 그들을 안고 있을 때면 죽고 싶을 만큼 나 자신이 싫었다.

'내가 정말 왜 이라노? 죽을 때가 됐나?'

내 고통을 식구들은 전혀 눈치채지 못했다.

그런 가족을 대하기 싫어서 집에 들어가는 걸 피하고 싶은 날, 내가 갈만한 곳은 술집밖에 없었다. 직원들과 어울려 코가 비뚤어지도록 퍼마시다가 그들의 손에 이끌려 귀가하는 날이 잦아졌다. 쓰러져 정신을 잃어야만 삶을 지탱할 수 있는 끔찍한 나락에 떨어져 버린 것이다.

지친 몸으로 겨우 일어나 출근해서 종일토록 짜증 섞인 심정으로 감호자들과 싸우는 일상. 퇴근시간이 가까울수록 더 갑갑해지는 마음. 잠시 집에 들러 옷만 갈아입고 도망치듯 뛰쳐나와 술집을 전전했다. 그리고 밤새도록 퍼마시다가 결국은 인사불성이 되어 어떻게 온 지도 모른 채 집으로 끌려오는 방황의 악순환이 이어졌다.

어느 날인가, 잔뜩 취해 일어서려는데 술집 모서리에 놓인 큰 수족관이 눈에 띄었다. 물속에서 노니는 고기들을 바라보던 내 눈에 눈물이 고였다.

'고기야, 니는 내보다 낫구나. 니는 물속에서 주는 대로 먹다가 때가 되어 죽으믄 그뿐이제? 그런데 말이다, 나는 집에 가면 남편이자 아빠이고, 직장에 가면 간부직원이며, 교회에 가면 집사님이라. 남들 눈엔 다 그럴듯해 보여도 나는 내가 누군지 도통 모르겠대이.'

기어이 눈물이 주르륵 흘러내렸다.

'나는 말이다, 양파 껍데기보다 더 많은 껍질로 둘러싸인 것 같대이. 벗기고 또 벗겨내도 끝까지 껍데기뿐인 기라. 자식도 아내도 사랑하지 못할 만큼 다 뿌서져버린 내 마음을 나도 어쩔 수 없는 기라.'

어항유리를 쓰다듬으며 펑펑 우는 나를 끌어서 집에까지 데려다주며 직원들이 안타깝다는 듯 수군댔다.

"박 주임, 완전히 갔네. 요즘 들어 부쩍 심하다 싶더니…. 이젠 고기 붙들고 술주정하는 상태까지 돼버렸군. 쯧쯧."

가물거리는 의식 속에서 나는 속으로 울부짖었다.

'그게 아니야. 느그들은 몰라. 아무도 내 맘을 모른대이!'

그러나 그것은 속에서만 터져 나오는 고함일 뿐, 가물거리는 의식은 또다시 지옥의 구렁텅이로 곤두박질쳐갔다.

_ 뚫려 보이다!

이처럼 무엇으로도 풀 수 없는 마음의 고통을 안고 살아가던 어느 날, 감호소가 있는 진보면 내에 떠도는 이상한 소문을 듣게 됐다.

진보여중·혜성여상이라는 병설여학교의 학생과장을 맡고 있는 이덕진 선생님이란 분이 놀라운 성령의 은혜를 체험해 상식으로 이해할 수 없는 일들이 벌어진다고 했다. 환자에게 손을 얹고 기도하면 병이 낫고, 그 선생님과 만나서 대화를 나누는 이마다 무절제한 삶을 정리하고 새로운 사람으로 거듭난다는 것이다.

그가 성령님께 이끌려 수많은 기적으로 살아계신 하나님의 능력을 나타낸다는 이야기를 들은 사람들은 그를 꼭 한번 만나보고 싶어 했다. 아내도 예외는 아니었다. 그가 우리 교회에서 간증을 하고 간 뒤부턴 그런 바람이 더욱 역력했다.

그러나 나는 그런 이야기들이 유치하게만 여겨졌다. 하나님의 실존에 대한 의심으로 가득했던 내겐 은혜, 은사, 기적 운운하는 것이 체질에 맞지 않았다.

"여보, 그런 사람은 자기감정에 이끌려 미혹의 영을 받은 사이비일 가능성이 많다는 거 잘 알제? 절대로 그런 부류에 마음 끌리면 안 된대이. 오직 우리는 성경말씀대로 살믄 되는 기라."

집사생활 수년에 얻은 건 귀로 들은 풍월뿐이라, 이럴 때 써먹을 문자 정도는 훤히 꿰고 있었다. 말씀 중심으로 살자는데 무슨 이의가 있겠는가.

그러던 중에 그가 사람을 쓰윽 쳐다만 봐도 영적 상태와 품은 생각까지 족집게처럼 알아낸다는 말까지 들렸다. 그 소리를 듣자 나는 한층 더 움츠러들고 말았다.

'아이고, 이 좁은 바닥에서 행여나 만나지 말아야지. 만약 그게 사실이라면 길 가다 부딪혀도 한눈에 나를 다 뚫어볼 낀데…. 내 꼬라지를 내가 잘 아는 판에 그 챙피를 우짠단 말이고?'

그런데 며칠 후, 같은 교회에 다니며 내게 늘 관심을 가져주던 김 집사님이 전화를 해왔다.

"우리, 이덕진 집사님을 모시고 박 집사님 댁에서 예배 한번 드립시다."

"예, 예배요? 안 됩니더. 싫습니더."

길에서도 마주치고 싶잖은 그와 우리 집에서 예배를 드리자니!

말도 안 되는 소리였다.

그러나 내 완강한 거부보다 김 집사님의 설득이 더욱 집요했다.

"아니, 왜 예배를 안 드리려고 하십니까? 이 집사님이 얼마나 큰 은혜를 받으셨는지 압니까?"

이때야말로 오랜 집사생활에서 터득한 기본기를 활용할 때였다.

"집사님! 예배라 카는 거는 원래 본교회 교역자를 중심으로 드려야지, 은혜 좀 받았다고 근본도 모르는 뜨내기하고 우째 함부로 가정제단을 쌓는단 말입니꺼? 나는 마, 싫습니더."

구구절절 옳은 말 앞에서 김 집사님이 잠시 주춤하는 듯하더니 방향을 바꾸어 공격해왔다.

"그러면 예배 대신 성도의 교제를 좀 나누면 어떻겠습니까?"

처음보다 마음이 약해졌으나 그 정도로 밀릴 내가 아니었다.

"집사님요, 우리 교회만 해도 교제 나눌 사람이 널렸는데 굳이 다른 교회 교인하고까지 그럴 필요가 어디 있심니꺼? 나는 싫습니더."

그래도 집사님은 끈질기게 설득해왔다.

"나는 모르겠심더. 오늘 집사람에게 다른 볼일이 있을 낀데 의논해보고 결정하입시더."

빠져나가기 위한 임시방편으로 아내의 일정을 둘러대고 그날은 그렇게 통화를 끝냈다.

집에 돌아와 아내에게 무심코 낮에 있었던 김 집사님과의 대화를 말해주었더니 아내의 눈빛이 번뜩였다. 아내는 간절하게 나를 쳐다보더니 급기야 어울리지 않는 애교까지 부리며 졸라댔다.

"소영이 아빠요, 그 집사님 모시고 딱 한 번만 예배드립시더. 내 소원 한 번 들어주이소."

그 간청이 얼마나 애틋했던지 내 마음이 흔들리기 시작했다. 지금까지 긴 세월 동안 묵묵히 나를 뒷바라지하며 인고의 세월을 지나온 아내의 절절한 눈길 앞에 마음은 점점 약해졌다. 그러나 이덕진 집사의 신통력(?)이 끝내 마음 한구석에 걸리는 건 어쩔 수 없었다.

'뚫려 보이면 곤란한데…. 에라 모르겠다. 한 번쯤 창피당할 각오하고 허락하는 수밖에 없제. 이 집산가 누군가 평생 나하고 같이 살 것도 아니고 한 번 보고 말 낀데, 한 번쯤 뚫려 보이기로서니 대순가?(그날 이후 이덕진 선생님과 30년 세월을 한 교회에서 목사와 장로로 동고동락할 줄을 그땐 미처 몰랐다) 마침 날도 춥고 하니 내복이나 두어 벌 껴입으면 혹시 방탄조끼같이 좀 덜 뚫려 보일지도 모르지….'

큰맘 먹고 그날 저녁 우리 집을 방문해도 좋다고 허락하니 아내는 뛸 듯이 기뻐하며 연락을 취했다.

_네가 나의 성전임을 모르느냐?

1987년 1월 8일 밤 9시경.

청송 교도관아파트에서 처음 만난 이덕진 집사님은 첫눈에도 퍽 단정하다는 느낌을 주었다. 가까이 앉아 얼굴을 대하고 보니 더욱 진실하고 정직한 인간미가 풍겼다. 그러나 나는 뚫려 보이면 곤란한 사람이라 극도로 긴장하지 않을 수 없었다.

그가 자리에 앉아 사방을 휘 둘러보았다.

순간 어느 축구 해설가의 말이 뇌리를 스쳤다.

"최선의 방어는 공격입니다!"

그렇다. 공격만이 나를 방어하는 유일한 방법이다.

양반다리를 하고 양손은 팔짱을 끼고 앉아 고개를 살짝 삐딱하게 기울인 채(상대방을 경멸하듯 바라볼 때 내가 취하는 전형적인 자세다) 그를 지그시 바라보았다. 그리고 그가 무슨 말을 하려는 순간 내가 먼저 포문을 열었다.

"집사님! 듣기에 은혜를 많이 받으셨다믄서요. 그라믄 제가 궁금한 게 몇 가지 있는데 그것부터 먼저 답을 해주이소. 그라고 난 뒤에 예배를 드리든지 뭘 하든지 하입시더."

"예, 말씀해보십시오."

"집사님, 내가 성경을 잘 몰라도 몇 번 읽어는 봤는데요, 성경 어데를 찾아봐도 술 묵지 마라 카는 구절은 없심더. 기껏 술 취하지 마라 했지요. 그라고 담배 피우지 마라, 고스톱 치지 마라 카는 구절도 어디 있는지 가르쳐주이소. 단, 추상적으로 말씀하지 말고 성경본문을 제시해주이소."

나는 억지를 부렸다.

도대체 성경 어느 구절에 '고스톱 즐겨 치는 자에게 화 있을진저, 골초는 하나님의 나라를 유업으로 받지 못할지니' 하는 말이 있겠는가? 여하튼 나는 그 질문을 던져놓고 스스로 이겼다고 쾌재를 불렀다.

'당신은 이제 나를 뚫어보기는커녕 내 질문에 대답도 못 하고 끙끙거리다가 꼬리 내리고 도망갈 일만 남았는 기라. 호호호.'

내 교활한 심정을 아는지 모르는지 그는 잠시 천장을 쳐다보며 뭔가 생각하더니 조용히 입을 열었다.

"박 집사님, 우리 성경 한 장 찾아볼까요?"

그가 고린도전서 3장 16절을 찾아 읽었다.

"너희는 너희가 하나님의 성전인 것과 하나님의 성령이 너희 안에 계시는 것을 알지 못하느냐?"

나는 속으로 냉소했다.

'흥! 그 정도 안 읽어본 사람이 누가 있노? 거룩이니 어쩌니 하면서 어물쩍 넘어가려는 것 같은데 어림도 없대이. 내가 악착같이 물고 늘어질 끼다.'

그런데 갑자기 그의 눈빛이 무서우리만치 날카로워지더니 나를 잡아먹을 듯 한참 쳐다보았다.

"박 집사님, 하나님을 인정하고 아니하고는 집사님 개인의 문제지만…."

으윽, 들켰구나!

사람 마음을 꿰뚫어 본다는 게 사실인가보다.

내가 하나님을 인정하지 않는다는 걸 금방 읽어버렸으니.

"살아계신 하나님께서 우리, 특히 집사님을 성전으로 삼으시고 그 안에 성령께서 거하신다고 하셨습니다. 이 말씀을 믿습니까?"

난처한 질문이었다.

집사생활을 9년씩이나 한 교인으로서 아니라곤 할 수 없었지만, 정직하게 말하면 결코 믿는다고 할 수도 없었기 때문이었다. 이미 내 심령을 훤히 보고 있던 집사님은 대답을 기대하지 않았던지 말을 이었다.

"집사님, 성경에 기록된 일반적인 문장의 형식은 대부분 '할지어다, 하느니라' 등의 서술체나 명령어로 돼 있는데, 유독 이 구절만 '알지 못하느냐?'라는 의문문 형태로 된 섭리를 생각해보신 적 있습니까?"

갑자기 웬 문법 강의냐 싶어 쳐다보니 그의 눈빛이 예사롭잖았다.

"박 집사님, 성경의 다른 말씀도 다 중요하지만 특히 이 말씀은 절대적으로 새겨들어야 합니다. 그런데 아직도 이것을 깨닫지 못하는 우리 모두를 향해 주님은 안타깝게 외치고 계십니다."

'역시 이 사람도 이게 한계로구만. 기껏 성전, 성령 운운하며 내 질문을 두리뭉실 비껴가려고 하네.'

내 속내를 아는지 모르는지 그는 이마에 송글송글 맺힌 땀을 닦아내고 차분히 설명을 덧붙였다.

"이제 성경을 덮고 다른 각도에서 한번 이야기를 나눠볼까요? 불교신자들도 경건한 생활을 하는 이들은 절에 가기 전날 밤엔 부부간에 각방을 씁니다. 그리고 아침 일찍 일어나 얼음물에 목욕하고, 어떤 이들은 절에 도착할 때까지 입에 수건을 물고 가기도 합니다. 부정한 말이나 세상적인 말은 한 마디도 안 하려고 말입니다. 그리고 대웅전 앞에 도착해선 다시 한번 옷매무새를 고치고 들어가 금이나 돌, 나무 따위로 만든 우상 앞에 자기가 드릴 수 있는 최고의 경배를 드리지요."

'맞아! 그건 나도 잘 알지. 우리가 원래 불교 집안이니….'

"그런데 집사님은 대웅전과 비교할 수 없이 귀한 하나님의 성전이고, 집사님 안에는 죽은 우상이 아니라 살아계신 성령님이 거하고 계시는데 굳이 술을 먹어야 하느냐 마느냐를 따질 필요가 있겠습니까? 우상을 섬기는 자들도 신전 안에서 술 먹고 해롱거리진 않습니다. 그런데도 하나님의 성전에 막걸리·소주·양주 등 온갖 술을 퍼

넣어 굳이 술독을 만들 필요가 있을까요? 또 성경에 담배 피우지 말라는 말이 있고 없고를 따지기 전에, 과연 성전 안에 온갖 담배연기를 집어넣어 성전을 기어이 굴뚝으로 만들 필요가 있는지 생각해보세요….”

나는 어느새 집사님의 이야기에 빨려들었다.

'맞네!'

나도 모르게 내 맘 깊은 곳에서 동의의 탄성이 터져 나왔다.

"…성경을 보면 성전 안에 지성소가 있습니다. 대제사장이 일 년에 단 한 번 온 민족의 죄를 받쳐 들고 벌벌 떨면서 들어가 속죄 제사를 드리고 하나님의 은혜를 받아 나오는 곳이지요. 만약 숨겨진 죄가 조금이라도 드러나면 그 자리에서 즉사해버리는 곳입니다. 그 거룩한 지성소가 바로 집사님 마음 안에 완성돼 있습니다. 그런데 그 지성소가 노름하는 자리, 음란물을 틀어놓은 자리, 광란의 조명이 번쩍이는 자리에 드나드는 게 옳다고 생각하십니까?"

그 말이 내 뒤통수를 치는 듯했다.

'역시 맞는 말이네!'

나는 속으로 다시 한번 긍정의 외침을 내질렀다.

집사님은 더욱 진지한 자세로 말을 이어나갔다.

모세는 이스라엘 백성을 이끌고 이집트를 떠나 시내 산에 이르러 40일을 금식한 후 하나님을 만났고, 율법과 함께 성막 모형을 지시받았다. 성막은 하나님의 지시대로 브살렐과 오홀리압에 의해 크기·높이·색깔·재료 등에 한 치의 오차도 없이 만들어졌다. 번제단·물두멍·성소의 촛대와 떡상·지성소의 법궤 등, 일일이 다 설명하기엔 너무도 신비로운 성막이 드디어 완성된 날, 하나님은 그곳에서 백성을 만나주시고 놀라운 은혜를 내리기 시작하셨다.

성막에선 속죄제·화목제·번제·소제·속건제·상번제가 드려졌다. 죄를 지은 자들은 이곳에 찾아와서 소·양·염소·비둘기·고운 가루를 제물로 드리며 하나님께 죄사함의 은총을 구했다. 성막은 40년 동안 이스라엘 백성의 진 중앙에서 하나님과의 관계를 이어주었다.

모세가 죽자 가나안 정복은 후계자 여호수아에게 위임됐다. 땅은 하나님의 약속대로 백성에게 나누어졌고, 광야를 떠돌던 성막은 휘황찬란한 성전으로 변모했다. 다윗왕은 성전을 짓는 데 충분한 재화를 저장했고, 마침내 솔로몬이 유대 땅 예루살렘에 성전을 건축한 것이다.

하나님의 백성은 오랜 세월 그 성전을 중심으로 살아왔다. 삶의 구심점이었던 성전은 그러나 시간이 흐르면서 하나의 건축물로 전락해버렸다. 백성의 범죄는 늘어갔고 하나님을 향한 경배도 차츰 형식에만 치우쳐 갔다.

하나님께서 시시때때로 경고하셨음에도 불구하고 백성이 점점 더 하나님의 뜻을 벗어나자, 성전은 거듭 이방인의 손에 침노당하고 훼파됐다. 그러나 이스라엘 백성은 깨닫지 못하고 더욱더 패역의 길로 들어섰다.

결국 하나님은 성전을 몰수하시고 말았다. 아름답게 꽃피던 유다 왕국은 바벨론의 느부갓네살이 이끄는 대군의 침공에 처참하게 유린당했고 성전은 소멸됐다. 그들은 하나님과 만날 수 있는 유일한 장소를 잃고 만 것이다.

70년 긴 세월 동안 바벨론 각처에 포로로 흩어져 살던 무리는 하나님이 정하신 역사의 경륜에 따라 황폐한 고향으로 돌아왔다. 그리고 힘을 다해 수많은 대적의 위협을 이겨내고 마침내 다시 성전을 세웠다.

그러나 그 성전은, 옛날 이곳에 우뚝 서서 위엄과 영광을 자랑하던 솔로몬 성전을 기억하는 사람들이 쓰라린 마음으로 통곡할 정도로 초라한 성전이었다. 이름하여 스룹바벨 성전.

중단된 제사가 여기서 다시 드려지기 시작했다. 무수한 짐승들이 제단을 피로 적시며 죽어갔다. 그리고 그 죽음 뒤편엔 언젠가 이 땅에 오셔서 인생들의 죄를 대신해 죽으실 분의 그림자가 비치고 있었다.

바벨론에서 돌아온 사람들은 짧지 않은 기간 동안 이방 땅에서 나름대로 삶의 기반을 잡았었다. 요즘 식으로 말하자면 제법 살 만한 평수의 아파트를 마련하고, 아이들도 좋은 학군에서 열심히 공부하고, 투자해둔 증권도 매일 상한가를 치며, 지역에서도 유지행세를 할 정도로 안정된 인생을 산 것이다.

그러던 어느 날 옛 땅으로 돌아가자는 소리가 돌기 시작했다. 이유는 오직 하나! 하나님이 주신 그 땅에 성전 터가 있으므로 여호와를 섬기기 위해 가자는 것이었다.

집도 자녀교육도 재산, 명성, 안락한 상류층 생활도 다 내려놓자는 것이다. 돌아갈 땅은 옛날의 풍요와 영화는 전혀 찾아볼 수 없는 곳인데도 말이다.

70년 동안 폐허가 돼버린 땅, 가시와 엉겅퀴가 뒤덮고 성전은 무너지고 당장 거처할 곳 없는 황무지로 가자니! 그냥 눈 질끈 감고 여기서 여생을 보낼 것인가, 가야 할 것인가? 바벨론을 떠나는 순간부터 고생길에 접어들 것은 불 보듯 뻔하다. 아마도 이 문제를 놓고 숱한 가정에서 격렬한 부부싸움을 벌였을 것이다.

그러나 그 와중에도 바벨론에 이뤄놓은 모든 것을 포기하고 조상의 하나님 한 분만을 생각하며 과감히 주변을 정리한 이들이 있었다.

"돌아가야 한다. 어떤 일이 있어도 가야 한다. 하나님 없는 세상의 부귀영화가 다 무슨 소용이란 말이냐. 돌아가자!"

70년 동안 불어난 사람들까지 치면 그 수가 엄청날 텐데, 세 차례에 걸쳐 돌아온 이들은 10만 명이 채 되지 않았다. 그들이 폐허 위에 세운 성전은 진정한 믿음의 열매였다.

그리고 또 세월이 흘렀다.

예수님이 오시기 얼마 전, 에서의 후손인 유대 통치자 헤롯은 유대인의 환심을 사려는 정치적 목적으로 이 성전을 웅대하게 재건하기 시작했다. 믿음 없이도 얼마든지 멋진 성전을 지을 수 있음을 증명하는 모순의 대역사가 46년 만에 끝나고, 마침내 으리으리한 성전이 예루살렘에 다시 모습을 드러냈다.

이 땅에 인간의 몸으로 오신 예수님이 공생애를 시작하신 어느 날, 제자들과 함께 그 성전을 거니셨다. 바리새인들은 오랜 세월 공들여 지어진 성전을 자랑했다. 그때 예수님은 말씀하셨다.

"너희가 이 성전을 헐라. 내가 사흘 동안에 일으키리라."

유대인들이 반문했다.

"이 성전은 46년 동안 지었는데 당신이 3일 만에 다시 세우겠다고?"

그러나 예수님은 성전 된 자기 몸을 가리켜 말씀하신 것이었다. 성경은 "죽은 자 가운데서 살아나신 후에야 제자들이 이 말씀하신 것을 기억하고 성경과 예수께서 하신 말씀을 믿었더라 요한복음 2:22"고 전한다. 성전이라는 건물에 의존해 수세기를 살아온 이들에게 대전환의 드라마가 시작된 것이다.

예수! 바로 그가 참 성전이시다.

지금까지 보아온 성소와 성전들은 모두 진짜 성전으로 오실 예수님을 예표하며 역사의 흐름 속에서 버텨온 것이었다. 이제 예수님을 만난 자는 누구든지 성전에서 드려지던 무수한 제사를 포함한 완벽한 제사를 드린 것이다.

모세 때 성막으로 시작해 예루살렘에 우뚝 솟았던 성전은 이제 그 기능을 다했다. 예수님이 완성된 성전인 육체를 가지고 이 땅에 오셨기 때문이다.

그런데 만약 성육신하신 예수님으로 성전이 끝나버렸다면 어떻게 됐을까? 시간과 공간의 제약을 받았던 예수님의 몸만이 성전이었다면 후세의 우리는 얼마나 기가 막힐까? 그러나 하나님은 엄청난 신비를 또 하나 예비해두셨다.

예수님은 하늘로 올라가시기 전, 제자들에게 성령을 보내기로 약속하셨고, 오순절이 이르러 마가의 다락방에서 힘써 기도하던 120명의 성도에게 불같은 성령이 임하셨다. 그래서 오늘날까지 택하신 자녀들을 성전으로 삼고 성령 하나님께서 우리 안에 사시는 것이다.

"너희가 하나님의 성전인 것과 하나님의 성령이 너희 안에 계시는 것을 알지 못하느냐?"
'정말 맞는 얘기다!'
대하드라마와 같은 이덕진 집사님의 말을 들을수록 더욱 강력한 동의가 내 마음을 지배하기 시작했다.
눈을 지그시 감고 고개를 끄덕이는 나를 바라보던 이 집사님은 다음에 또 보자며 자리에서 일어섰다. 혼자 남은 내 머릿속엔 계속 집사님의 말씀이 맴돌았다.
성전… 담배연기… 굴뚝… 성전… 술독… 지성소… 화투… 죽음….
그 밤은 그렇게 지나갔다.

_거듭남

이튿날 아침이 됐다.
어지럽게 맴돌던 생각들도 다 사라진 듯, 여느 날과 다름없는 하루가 시작됐다. 출근하여 사무실에서 몇몇 직원들과 잡담을 나누며 습관적으로 담배를 빼 물었다.

하루에 적어도 한 갑반 이상 피워대는 골초였던 나는 거의 종일 담배를 입에 달고 살았다. 그런데 불을 붙여 채 몇 모금도 빨아들이기 전에 속이 울렁거리더니 담배에서 썩은 냄새가 훅 끼쳤다. 이상하다 싶어 다시 한 모금을 깊숙이 들이마셔 봤지만 괴상망측한 냄새는 더욱 심할 뿐이었다. 변질된 담배를 팔면서 담뱃값만 올린 전매청을 마구 욕해대며 피우던 담배를 재떨이에 비벼 껐다.

"이 담배, 맛이 갔네. 니 담배 한 대 주라."

옆의 직원에게 한 개비 얻어서 다시 불을 붙였다. 그런데 더 지독한 냄새가 났다. 결국 그것마저 얼른 꺼버리고 말았다.

'참 이상하대이. 평생 한 번도 담배 때문에 머리 아파 본 적이 없는데…. 장티푸스에 걸려 머리카락이 홀랑 빠지도록 앓으면서도 담배만큼은 못 끊고 피워댔는데 이게 무슨 일인지 모르겠네.'

멍한 기분으로 이런 생각을 하고 있는데 옆 사람들이 피우는 담배 연기가 콧속으로 스멀스멀 들어왔다. 그 역겨운 냄새를 어찌 표현할까! 도저히 견딜 수 없어 결국 그 자리를 뛰쳐나오고 말았다.

다른 사무실로 옮겨 난롯가에 서 있는데, 이번엔 재떨이에서 올라오는 니코틴 냄새가 부대꼈다. 오랜 세월 벽에 밴 냄새까지 가세해

속을 뒤집어놓기 시작했다. 참으로 미칠 노릇이었다. 나는 냄새를 피해 운동장으로 달려나갔다.

차가운 청송의 겨울바람이 코끝을 할퀴고 지나갔지만 실내에서 나던 악취가 없으니 그래도 살만했다. 그러나 나는 극심한 혼란에 빠져들었다. 이상하다. 참 이상도 하다. 내가 왜 이럴까?

한참 동안 찬바람을 맞으며 생각에 잠겨 있는데 양 볼이 간지러웠다. 무심코 손등으로 볼을 쓸어보니 눈물이 흐르고 있는 게 아닌가. 본래 눈물이란 희로애락의 감정이 있어야 나오는 법이거늘, 담배연기에 쫓겨나와 무심히 서 있는 내가 느닷없이 왜 눈물을 흘린단 말인가?

처음엔 그저 실내에 있다가 갑자기 찬바람을 맞으니 눈이 시려서 그런가 보다 생각하며 손등으로 눈물을 훔쳐냈다. 그러나 그 눈물은 아주 뜨거웠고, 찔끔 나오다 마는 게 아니라 아예 폭포같이 줄줄 흘러내렸다. 나는 몹시 황당했다.

내가 또라이가 됐나? 대체 왜 울고 있는 거지?

영문도 모른 채 울기만 하다가 내 마음에서 일어나는 이상한 변화를 감지한 건 시간이 조금 흐른 뒤였다. 내면 깊은 곳에서 미세한 소용돌이가 이는 것을 느끼는 순간, 어릴 때 먹던 박하사탕의 화아한 기분이 전신을 감싸왔다. 그 시원함은 이내 스프링쿨러로 물을 뿌리듯 내 속을 흠뻑 적셨고, 거기에 자극을 받았는지 눈물은 더 거세게 솟구쳐 나왔다.

평생 처음 느껴보는 이 야릇한 기운은 대체 뭘까?

새처럼 훨훨 날 듯한 이 가벼운 마음은 어찌 된 걸까?

한마디로 참 좋았다!

세상의 모든 근심걱정을 흔적도 없이 날려버릴 듯한 기쁨이 내 모든 감각기관을 사로잡았다.

한참을 무아경에 도취해 있던 나는 논리적으로 생각해보기 시작했다.

이게 과연 무슨 현상일까?

내가 왜 이렇게 됐지?

혹시 이것이 말로만 듣던 성령의 역사인가?

목사님의 설교 때마다 단골로 등장하는 그 성령!

성경을 펼치면 곳곳에서 눈에 띄던 성령이 정말 존재해서 내게 이런 현상을 일으키는 걸까?

내 자아의 한쪽 구석에선 '절대 그럴 리 없다'는 부정적인 고함이 터져 나오는데, 다른 한쪽에선 '그럴지도 모른다'는 생각이 들기 시작했다.

그럴지도 모른다….

성령이 한낱 추상적 이론이 아니라 실존하는 하나님이라면….

이건 보통문제가 아니다!

여기까지 생각이 미친 나는 벌에 쏘인 듯 후다닥 사무실로 달려 들어갔다. 몸은 자리에 앉았지만 머릿속은 정신없이 어지러웠다. 눈물은 겨우 진정됐으나 미지의 세계가 나를 향해 다가오고 있다는 예감에 심장이 쿵덕쿵덕 방망이질을 했다.

바로 그때 옆에서 인기척이 났다.

돌아보니 정용이가 서 있었다. 185센티미터의 장신에 약간 모자라 보이는 전과 4범. 천성이 순한 녀석인데 어떻게 감호자가 됐는지 늘 궁금했던 그가 내 옆에 서서 주뼛거리고 있었다.

"주임님, 뭐 시킬 거 없습니까?"

그는 사무실 청소부로 일하며 주로 내 잔심부름을 도맡아 했다. 그런데 좀 덜떨어진 녀석이라 일을 제대로 못 해서 늘 꾸지람을 듣곤 했다.

구두를 닦아오라고 하면 한쪽만 번쩍번쩍 윤나게 닦고 다른 쪽은 광이 죽어 있어 꿀밤도 적잖이 맞았고, 이걸 가져오라고 시키면 저걸 가져와 욕도 많이 먹었다. 하도 자주 타박을 받아 내 앞에만 서면 주눅이 드는 그를 무심코 쳐다본 순간 마음 깊은 곳에서 불쌍한 생각이 불쑥 들었다.

'내가 이 녀석을 왜 그리 몰아붙였던고. 왜 그리 미워했던고. 참 안 됐다. 좀 따뜻하게 대해줄 걸….'

여태 한 번도 가져보지 못한 느낌에 당혹스러웠다. 그나마 참았던 눈물이 다시 울컥 솟으려 하자 마음에 비상이 걸렸다.

'아무리 그래도 그렇지. 명색이 지옥에서 온 박 주임인데 기껏 감호자 앞에서 눈물을 보일 수 있나?'

이를 악물고 참으면서 고개를 홱 돌려 한쪽 손을 휘휘 저어서 나가라고 했다. 영문을 몰라 고개를 갸웃거리며 구부정한 자세로 돌아나가는 그의 뒷모습을 물끄러미 바라보았다.

어깨에 징역살이의 고달픔을 한가득 짊어진 모습이 애잔하게 느껴졌다. 측은한 마음이 드는가 싶더니 아까 그친 눈물이 기어이 주르륵 흘러나오고 말았다. 옆에 있던 직원들 보기가 민망해 뭔가 골똘히 생각하는 것처럼 책상에 팔꿈치를 짚고 손바닥으로 얼굴을 감싸고서 계속 울었다.

흐르는 눈물 속으로 지금까지 나를 거쳐 간 수많은 감호자들의 모습이 주마등처럼 지나갔다. 그리고 그들을 후려잡던 야멸찬 내 모습이 크게 확대돼 보였다. 꿇어앉아 두 손을 싹싹 빌며 용서를 구하던 그들. 항복하지 않고 덤벼들면 기절할 때까지 마구 응징하던 나.

손바닥을 타고 흐르던 눈물은 어느새 얼굴을 가린 손등 밖으로 흘러넘쳤다. 그런데 이젠 눈물뿐 아니라 흑흑하고 흐느끼는 소리까지 튀어나오는 게 아닌가. 얼른 손바닥을 모아 입을 가렸지만, 잔뜩 틀어막은 손바닥 사이로 푸욱푸욱 토해내는 울음이 마치 돼지 방귀소리처럼 새어 나왔다.

  심상치 않은 내 모습을 눈치챈 직원들 역시 같이 앉아 있기가 머쓱했던지 고개를 갸우뚱거리며 하나둘씩 밖으로 나가버렸다. 좌우를 돌아보니 아무도 없고 나 혼자만 의자에 앉아 하염없이 울고 있었다.
  처음엔 그래도 소리죽여 울었으나 이내 목소리가 높아졌다. 나 자신도 내가 왜 이렇게 목놓아 울어야 하는지 이유를 알 수 없었지만, 여하튼 예삿일은 아니라는 게 분명히 깨달아졌다. 기왕 이렇게 된 바에야 사나이답게 공개적으로 실컷 울어버려야겠다는 생각이 들었다.
  "어엉어엉!"
  창문 밖에서 직원들이 힐끔힐끔 들여다보며 기가 막힌다는 표정을 지었다. 노골적으로 손가락을 머리에 대고 빙글빙글 돌리는 사람도 있었다.
  그러나 내 울음은 강도가 점점 세졌고 그럴수록 속은 더 후련해졌다. 태어나서 그날만큼 신나게 울어본 적이 없었다. 수많은 감호자들의 모습이 끊임없이 눈물 속에 비쳤고, 쓰라린 후회가 가슴을 찢어놓았다.

'왜 그들을 그토록 모질게 다루었던고! 좀 더 부드럽게 타이를 수도 있었는데….'

얼마나 그렇게 울었을까?

통곡하던 내 입에서 갑자기 '하나님'이라는 단어가 튀어나왔다. 집사생활 9년이 되도록 한 번도 하나님이 살아계신다는 생각을 해본 적 없고, 하나님이란 존재는 인간이 만든 종교적 허상에 불과하다고 철석같이 믿어온 내 입에서 무의식적으로 불린 하나님!

그 소리가 내 귀에 들리고 마음을 두드린 순간 기적이 일어났다. 절대무신론이던 메마른 마음밭이 돌연 하나님의 엄청난 실존으로 꽉 들어차 버린 것이다. 내 영혼을 덮고 있던 보자기 같은 게 스르륵 벗겨지는 듯했다. 살아계신 하나님의 임재가 마치 영원토록 끌어안고 산 것처럼 한순간에 확실히 믿어져 버린 것을 어떻게 설명할 수 있으랴!

예수님!

날 위해 십자가를 지시고 부활 승천하신 분.

지금도 아버지 보좌 우편에서 나를 바라보시며 기도하고 계신 분. 약속하신 대로 다시 오실 그분이 살아계신 나의 구주였다니! 그저 형식적으로 성경에 기록돼 있는 줄로만 알았던 성령님이 진실로 살아계신 내 하나님이시라니!

 전기에 감전된 듯 자리에서 벌떡 일어나 모자를 찾아 머리에 쓰고 사무실을 나왔다. 내 방으로 가서 아무 거리낌 없이 실컷 울고 싶었다. 복도를 걸어가는데 어찌나 눈물이 쏟아지던지 복도 바닥이 보이지 않을 정도였다. 대충 감각으로 걸어가면서 두 손으로 연신 쏟아져 내리는 눈물을 훔쳐냈다.

 하나님, 정말 살아계셨군요… 정말 살아계셨어요!

"갱생!"

 복도를 지나가던 재소자들이 큰 소리로 인사했다. 혹시 저 악질에게 꼬투리라도 잡히면 곤란하다는 경계의 눈빛이 역력했다. 그러나 그날 내 눈엔 하나같이 끌어안고서 울고 싶은 얼굴들뿐이었다. 잠시 그들을 바라보다가 나도 모르게 오른손을 선서하듯이 쳐들곤 "할렐루야!" 하고 외치고 말았다.

 예전엔 교회에서 목사님과 성도들이 웃음 띤 얼굴로 손을 높이 들고 할렐루야를 주고받을 때마다 얼마나 경멸했는지 모른다. 속으론 '흥! 자기들도 하나님이 없는 줄 잘 알면서 위선 떨기는!' 하고 욕하면서도 명색이 고참 집사인지라 같이 손을 번쩍 들고서 "할렐루야"로 답하곤 했다.

 그러나 '나도 사기, 당신도 사기, 어차피 인생은 속고 속는 거지 뭐'

라고 비아냥대며 마지못해 내뱉던 그 할렐루야가 스스럼없이 내 입에서 나오다니!

　나도 놀랐고 재소자들도 놀랐다.

"박 주임이 돌았나?"

"악질 짓을 골라 하더니 결국 맛이 갔군."

"하는 행세를 보니 분명 쇼야."

　그러나 누가 뭐래도 나는 좋았다.

　나 같은 엉터리의 눈을 열어주신 주님!

　아무 소망 없이 살던 불쌍한 인생을 불러주신 주님!

　고맙습니다. 정말 고맙습니다.

　이렇게 살려주셨으니 그 빚을 갚겠습니다.

　내 생명 다하는 날까지 주님의 심정으로 재소자 형제들을 사랑할 수 있도록 도와주십시오. 저 같이 못난 인간을 교도관으로 불러주신 하나님의 큰 뜻이 바로 이 일을 위해서라면 죽기까지 순종하겠습니다.

　좁은 내 사무실에 들어와 책상머리에 앉았다. 책상에 늘 장식품처럼 놓여 있던 조그만 성경책을 집어 들었다. 아, 또 눈물이 쏟아진다.

　하나님! 살아계신 하나님!

　지금까지 이 성경을 우습게 여긴 저를 용서해주십시오!

　오늘부터 진리의 말씀을 깨닫게 해주십시오!

이덕진 선생님은 내가 거듭난 후에도 끊임없는 사랑과 관심으로 나를 양육해주셨다. 함께 찬양하고 금식하며 기도에 힘쓰던 그는 결국 학교를 사직하고 서울 총신대학원에 입학했으며, 가정집 단칸방에서 명문교회를 개척하셨다.

한편 이 목사님의 도움으로 믿음의 세계에 눈뜬 나는 지금까지의 허물을 조금이나마 보상하고 싶은 마음으로 진보교회에서 신앙생활에 힘썼고, 하나님과 교회는 나를 장로로 불러주셨다(이에 얽힌 자세한 이야기는 2권 〈하나님은 아무도 포기하지 않는다〉에 밝혔다).

나와 이 목사님과의 영적 결속은 날이 갈수록 단단해져 서울로 발령을 받아오면서 나는 명문교회의 지체가 됐고, 지금까지 기나긴 세월 동안 목사와 장로로서 형제처럼 믿음의 길을 함께 걷고 있다.

하나님께서 부족한 나를 통해 큰 역사를 이루실 때마다, 바람 차가운 청송 들판을 걸어서 우리 집으로 불쑥 들어서시던 '이덕진 집사님'을 떠올린다.

산 자의 땅으로

영호!

전과 6범의 범칙전문가. 기분 나쁘게 끈적거리는 점액질 같은 사나이. 사람들은 그를 악질, 독종, 사기꾼이라 불렀다.

몇 달 전 담배를 몰래 감방 안으로 들여온 사건의 주모자로 적발돼 조사받던 그가 악착같이 부인하며 진술을 거부하기에 거칠게 다그친 적이 있었다.

나는 극도로 화가 나서 영호를 무섭게 다루었고, 그도 독사 같은 눈으로 내게 덤벼들었다. 포승으로 묶어놓고 닦달했는데도 뉘우치는 기색 전혀 없이 도리어 적반하장격으로 입에 거품을 물고 대들었다.

"나중에 삼수갑산 가는 한이 있어도 니 같은 놈은 반쯤 죽여놔야 한다."

나는 무자비하게 몽둥이를 휘둘렀다. 그러나 그는 거의 실신상태에 이를 때까지도 악을 썼다.

"끄응… 내 안 죽고 살아나가기만 하면 당신 일가족을 당신 눈앞에서 찢어 죽이고 말 끼다."

그 말에 나는 완전히 이성을 잃었다. 영호의 신체 부위를 가리지 않고 매질을 해댔다. 위기감을 느낀 직원들이 강제로 떼어 말리지 않았다면 큰 사고가 났을지도 몰랐다.

그가 두 달의 징벌을 마치고 난 후에도 먼발치에서 볼라치면 형언할 수 없는 분노가 치밀었고, 그도 나에 대한 적대감을 버리지 못했다.

그런데 내가 하나님을 만나던 그 날에 갑자기 영호의 모습이 눈앞에 선명히 나타났다. 지금까진 그를 매질하고 미워하는 것에 일말의 죄책감도 없었다. 오히려 당연하다고 여겼다. 그런데 그날은 아니었다. 영호에게 진심으로 미안하고 죄스러운 마음이 들었다.

'그러는 게 아니었는데…. 내가 너무 심했대이.'

나는 난생처음으로 하나님 앞에서 내 잘못을 회개하기 시작했다.

'하나님, 제 모든 죄악을 용서해주시이소. 특히 영호에게 저지른 악행을 용서하이소. 제가 큰 죄를 지었심니더.'

그런데 아무리 기도하고 또 기도해도 마음이 편치 않았다. 하나님이 응답하시지 않는다는 게 확연히 느껴졌다. 바로 그때 뜬금없는 생각이 스쳤다.

'이럴 게 아니라 영호를 직접 만나서 용서를 빌어야겠구나.'

자리에서 벌떡 일어나 그가 작업하고 있는 공장으로 달려갔다. 목공장의 창문 밖에서 안을 들여다보니, 영호는 다른 감호자 서너 명과 섞여서 이마에 땀을 흘리며 대패질을 하고 있었다.

똑! 똑! 똑!

나는 공장 창문을 두드렸다. 일하다 말고 소리 나는 쪽을 바라보는 감호자들의 표정은 '이크, 저 박 주임이 오늘은 또 누굴 잡으러 왔나?' 하는 듯했다. 나는 영호를 바라보며 손가락으로 불러냈다. 그의 얼굴이 긴장으로 일그러지는 게 보였다.

영호는 자기가 아니길 바라는 마음에선지 내 눈을 쳐다보며 손가락으로 제 가슴을 꾹꾹 찔렀다. 나는 '네가 맞다'는 뜻으로 고개를 끄덕였고, 밖으로 나온 그를 데리고 사무실로 들어왔다. 그리고 문을 닫자마자 황급히 물었다.

"영호야, 얼마 전에 니 내한테 무지 뚜드려 맞았제?"

나를 물끄러미 쳐다보던 그가 대답했다.

"아니오."

"담배사건 때문에 걸려들어서 엄청 뚜들겨 맞고 징벌 묵었잖아?"

"예, 징벌 먹은 건 사실이지만 주임님한테 맞은 적은 없는데요. 어디 주임님이 사람 때리는 분입니까?"

나는 어안이 벙벙해졌다. 맞은 적 없다는 능청스러운 거짓말에, 한 술 더 떠서 비행기까지 태우고 있으니 황당할밖에.

살벌한 징역살이에서 살아남기 위한 처세술임을 잘 알지만 이날만큼은 와닿는 느낌이 전혀 달랐다. '저 녀석을 저토록 교활하게 만든 건 바로 내가 아닌가?' 하는 자책이 일자 겨우 참았던 눈물이 또 흐르기 시작했다. 나는 영호의 손을 힘주어 잡으며 외쳤다.

"영호야! 그땐 내가 하나님을 몰랐는데, 이제 하나님을 알고 나니 니한테 한 짓이 정말 미안하다. 내가 죽을죄를 지었다. 영호야, 나를 용서해줘라. 엉엉…."

자존심도 체면도 사라지고 오직 영호를 사랑하는 마음만 넘쳐흘렀다. 기적이었다. 나는 눈물범벅이 된 얼굴로 거듭 용서를 구했다.

"영호야, 정말로 미안해. 흑흑… 니, 나 용서해주는 거제?"

그러나 영호는 이상야릇한 표정을 지었다.

내 말을 진심으로 믿자니 도저히 상상할 수 없는 일이고, 안 믿자니 현재의 상황이 너무 진지한 모양이었다. 당황하는 그의 얼굴을 보니 가슴이 찢어질 듯했다.

바로 그때, 내 영혼 깊은 데서 아주 큰 소리가 울려왔다.

생전 처음 들어보는 내면의 소리였다.

"너, 무슨 용서를 그따위로 빌고 있느냐!"

엉터리 집사생활을 할 때, 은혜받았다는 분들이 "하나님의 음성을 들었다"고 하면 참 우스꽝스러웠다. 자기도취에 빠져 환청을 듣거나 환상 본 것을 가지고 하나님의 음성 운운하는 그들이 이상하기만 했다. 그런데 오늘 내가 그 음성을 듣게 될 줄이야!

"무슨 용서를 그 따위로 빌고 있니?"

온몸의 세포가 떨릴 정도로 우레 같은 소리가 다시 한번 나를 잡아 흔들었다.

"꿇어앉아 용서를 빌어라!"

그 순간 한쪽에 웅크리고 있던 내 자아가 즉각 반발했다.

'이렇게 빌면 됐잖아. 이것만도 파격적인데, 전과 6범의 감호자 앞에서 교도관 간부가 땅바닥에 무릎을 꿇고 빌다니 말도 안 되는 소리! 체면이 있고 위계질서가 있는데…'

"꿇어앉아 용서를 빌어라!"

자아는 여전히 뻗대는데 성령님은 계속 내면을 흔드셨다. 아무리 믿음 없는 집사라 해도 그동안 들은 게 한두 가지겠는가? 문득 '순종이 제사보다 낫다'는 말씀이 번쩍 떠올랐다.

'맞아! 그게 이럴 때 쓰이는 말씀인지도 모르제. 만약 계속 거역하믄 무슨 징계를 받을지 모르잖아? 그렇다면 잠깐만 꿇어 앉으믄 되지 않을까? 3, 4초 정도 잠시 모양만 내고 금방 일어서면 되겠지.'

마음은 그렇게 작정했지만 아직도 자존심의 저항에 선뜻 실행하지 못하고 주저하며 좌우를 둘러보니 '하나님이 보우하사' 주변에 한 사람도 보이지 않았다.

'그래, 좋다. 아무도 보는 이 없고 영호하고 단 둘뿐인데 잠깐 꿇어 앉는 정도야 어떠랴?'

다시 한번 사방을 훑어보고 나서 영호의 손을 잡은 채 주춤대면서도 용기를 짜내어 바닥에 무릎을 꿇는 그때.

꽝!

내 존재 전체가 터져나가는 듯한 엄청난 소리가 울렸다. 바로 그 순간에 밀려드는 평안과 기쁨, 소망과 사랑, 감사와 감격…. 성경에 쓰여 있는 좋은 단어는 몽땅 합하여 내게 쏟아붓는 듯했다. 하늘의 영광이 나를 사로잡았다. 잠시만 꿇어앉겠다는 애초의 생각은 온데간데없어지고, 이 행복만 지속된다면 평생 이렇게 꿇어앉아 있어도 좋겠다는 마음이 들었다. 뜨거운 눈물이 다시 세차게 쏟아져 내렸다.

'하나님! 하나님! 감사합니대이!!'

그때 엉거주춤 서 있던 영호가 자석에 이끌리듯 내 앞에 무릎을 꿇었다. 좁은 사무실 바닥에 '지옥에서 온 박 주임'과 '끈적끈적한 악질 영호'가 무릎을 맞대고 꿇어앉은 것이다. 우린 누가 먼저랄 것도 없이 서로 목을 껴안고 울기 시작했다.

"영호야, 니 내 용서해주라. 내가 참말로 잘못했대이."

"아닙니더. 엉엉, 제가 잘못했심니더."

"아니라 카이. 내가 죽일 놈인 기라. 용서해도. 엉엉….''

우리는 어린아이처럼 울고 또 울었다.

"영호야, 니도 예수님 믿고 새 인생 살아봐라. 정말 하나님은 좋은 분이다. 알았나?"

"예, 알겠심더. 어엉어엉…, 지도 예수 믿고 살겠심더."

"그래, 내가 보던 성경책 니 주께. 흑흑, 하나님 감사합니더."

우리는 정신없이 울면서도 신기하리만치 하고 싶은 말을 다 주고받았다.

"영호야, 니 내 원망 많이 했제? 내가 참 쥑일 놈이제? 용서해주래이."

"사실은 아침저녁으로 식구통에 찬물 떠놓고 박 주임님 깨지라고 빌었심니더."

감방문 밑에 식사를 넣어주는 조그만 구멍이 있는데 흔히들 '식구통'이라 부른다. 얼마나 내가 미웠으면 거기에 날마다 정화수를 떠놓고 내가 깨지길(죽는다, 망한다는 뜻의 교도소 속어) 빌었을까?

"괘안타, 괘안아. 니는 내 깨지라고 빌었지만 우리 하나님은 내 옛사람을 깨부시고 새 사람 만들어주셨으니 됐대이."

그렇게 한 30분을 울었을까.

눈을 뜨고 둘러보니 사무실 사방에 구경꾼이 빙 둘러 서 있었다. 운동 나가던 감호자들과 오가던 직원들이 바닥에 꿇어앉아 울고 있는 우리를 의아하게 들여다보았다.

예전 같으면 "뭘 보나!" 하고 버럭 고함을 질렀을 텐데 그날은 전혀 그럴 마음이 생기지 않았다. 들여다보는 얼굴 하나하나가 어찌 그리 사랑스럽기만 하던지.

그들을 향해 두 팔을 높이 들고 "할렐루야" 했더니 다들 슬금슬금 뒷걸음질을 쳤다. 그러나 나는 남들이 뭐라 하든, 택하신 자녀를 강권적으로 구원의 자리로 인도하시는 하나님의 은혜를 소리 높여 찬양하지 않을 수 없었다!

만군의 여호와의 열심이 이를 이루시리라 _이사야 9:7하

_옛것은 지나고

나의 인생 2막은 그렇게 시작됐다.

캄캄한 어둠의 세계를 생의 전부로 알고 살던 내가 하나님을 만나, 사랑과 은혜로 충만한 빛의 세계에 눈 뜨게 된 것이다. 소경이 시력을 찾은 것보다 더 놀라운 감격으로 하루하루가 새롭게 열리는 기쁨을 맛보며, 나는 하나님께서 나를 바울처럼 크게 사용하시리라는 기대감에 부풀었다. 오랫동안 교회생활도 한 데다 간부직원이니, 이제 내가 이곳의 영적 지도자로 부름 받는 것에 이의를 제기할 사람은 아무도 없을 것 같았다.

그러나 이런 내 생각이 얼마나 오만한 것이었는지 곧 증명되고 말았다. 하나님은 청송감호소의 거대한 영적 변화에 박효진 주임이 아닌, 전과 6범의 영호를 주인공으로 내세우신 것이다.

하나님께서 세상의 미련한 것들을 택하사 지혜 있는 자들을 부끄럽게 하려 하시고, 세상의 약한 것들을 택하사 강한 것들을 부끄럽게 하려 하시며 _고린도전서 1:27

_영호의 "있잖아"

회심한 이후 영호는 감방에서 틈나는 대로 찬송하며, 엎드려 기도하고, 울면서 성경 읽는 생활을 계속했다. 과거의 그와 비하자면, 보면서도 믿기 힘든 놀라운 변화였다.

성령의 불이 영호를 사르기 시작했다. 그가 방언으로 찬양하면 하나님을 모르는 이들도 귀 기울여 듣곤 했다. 하나님은 영호에게 여러 은사를 주셨지만, 무엇보다 '우는 은사' 즉 눈물의 은사가 특별했다.

영호의 눈물!

그 안엔 참 많은 것이 내포돼 있었다.

젊은 나이에 전과 6범이 되어 사회 밑바닥과 교도소를 전전하다가 청송감호소에 흘러들어오기까지 겹겹이 쌓인 한이 하나님의 사랑 안에서 눈 녹듯 사라진 감격, '지옥에서 온 박 주임'을 향한 증오가 용서로 해소된 기쁨, 그리고 아직 하나님을 모른 채 죽음보다 못한 삶을 살아가는 동료 감호자들을 향한 뜨거운 영혼구원의 열정이 그 눈물 속에 짙게 배어 있었다.

그는 늘 울었다.

그러나 얼굴은 해처럼 환해서 그를 쳐다보기만 해도 은혜가 됐다. 영호는 주변 사람들의 자랑거리가 되어갔다. 그의 과거를 누구보다 잘 아는 직원들과 동료 재소자들은 처음엔 돌변한 영호의 모습을 믿지 않았다. 모두 며칠 저러다 곧 옛날 기질로 돌아가겠거니 하며 그를 주의 깊게 관찰했다.

그러나 시간이 갈수록 더 진지해지는 영호의 참 변화를 깨닫고 난

뒈엔, 오히려 그들이 더 큰 감동을 받고 영호가 믿는 예수 그리스도를 구주로 모셔 들이는 일이 잦아지기 시작했다.

영호는 감방 안에서 늘 복음을 전했다.

7, 8명 정도가 오랜 기간 한 방에서 생활하다 보면 가족보다 더 깊은 정이 들게 마련이다. 모든 것이 개방된 상태에서 코 고는 소리, 소변보는 습관까지 빤히 알고 지내는 사이가 돼 서로 격의가 있을 수 없었다. 어느 날 영호가 불쑥 말을 꺼냈다.

"느그들, 내 말 한번 들어볼래? 내가 옛날얘기 하나 해주까?"

방 사람들의 귀가 번쩍 뜨였다. 다람쥐 쳇바퀴 돌 듯 단조로운 시간을 때우는 덴 이야기만 한 게 없으니. 이미 여러 번 들어서 다 아는 이야기라도 이야기꾼의 비위를 거스르지 않으려고 마치 처음 듣는 것처럼 고개를 끄덕이거나 감격하기도 하는 그들의 모습을 보노라면 한편으론 우습고 한편으론 측은하기도 했다.

평소에 이야기하곤 거리가 먼 영호가 돌연 얘기를 들려주겠다니 방 안에 갑자기 활기가 돌았다. 어느새 동그랗게 둘러앉아 자기 입만 바라보고 있는 청중을 향해 영호가 서서히 운을 뗐다.

"있잖아… 있잖아… 흑흑… 엉엉….”

영호는 옛날이야기를 해준다며 사람들을 불러 앉혀놓곤 "있잖아"만 되풀이하다가 느닷없이 울기 시작했다. 영문을 모르는 이들은 어리둥절해서 영호를 쳐다보고만 있었다. 그러나 그는 개의치 않고 계속 울었다. 앞서 말했듯이 영호의 눈물엔 남다른 능력이 있었다. 그 뜨거운 눈물은 끝내 통곡이 되어 온 방을 가득 메우곤 했다.

눈물만큼 전염성이 강한 게 없다던가.
다른 장소라면 우는 꼴이 보기 싫다고 나가버릴 수도 있지만, 굳게 잠긴 감방 속에서 그들은 좋든 싫든 영호의 눈물을 지켜볼 수밖에 없었다.

처음엔 가벼이 여기고 낄낄거리던 사람들도 창자를 끊어내듯 우는 영호의 눈물 앞에 어느새 덩달아 숙연해졌다. 어떤 이는 일찍 헤어진 부모님 생각에, 또 누군가는 가물거리는 고향 뒷동산 생각에, 때론 고아원에서 피눈물 흘리며 고생하던 어린시절 생각에…. 모양과 형편은 다르지만 '육지 속의 섬' '한국판 빠삐용'이라 불리는 청송감호소에 흘러들어오기까지 왜 각자 기막힌 사연이 없겠는가.

사람들은 저마다 제 처지를 생각하며 하나둘씩 소리죽여 흐느끼기 시작했다. 마룻바닥에 엎드려 우는 사람도 있고, 차디찬 쇠창살을 부여잡고 담장 위에 둥실 떠 있는 구름조각을 바라보며 눈물짓는 사람도 있었다. 누군가 아예 이불에 몸을 던지고 오열하자 애써 울음을 참고 있던 사람들마저 기어이 아이처럼 대성통곡했다.

마음속 깊이 퇴적된 세월의 아픔이 큰 탓일까? 누구에게도 말 못할 기구한 인생살이에 배인 한이 너무 서러운 탓일까? 사나이인 체하는 그들의 허세 뒤엔 오히려 더 큰 연약함이 가려져 있고, 거친 말투와 표정 이면엔 더욱 순수한 마음이 숨겨져 있다.

시간이 지나면서 방 안에 있는 모든 사람이 울지 않곤 배길 수 없는 상황에 이르고 만다. 영호의 뜨거운 눈물이 전해지는 가슴마다 예외가 없다. 온 방이 통곡의 현장이 돼갈 즈음, 드디어 영호는 어느 한 사람을 가슴에 끌어안고 외치기 시작한다.

"ㅇㅇ야! 우리도 이제 인간같이 살아보자. 언제까지 개돼지처럼 살다가 죽을 끼가? 이 청송 땅에서 짐승처럼 인생을 끝장낼 끼가? 박 주임님도 예수 믿고 새사람 됐고, 나도 예수 믿고 새로 태어났대이. 니도 예수 믿고 새롭게 한번 살아봐라, 엉엉엉…."

이미 눈물로 마음 문이 활짝 열린 감호자는 두말할 나위 없이 영호를 부여잡고 말한다.

"그래, 그래! 나도 예수 믿을게, 엉엉. 나도 믿을게."

이렇게 한 사람을 결신시킨 영호는 곧바로 다른 사람 하나를 끌어안고 똑같이 외친다.

"ㅇㅇ야! 니도 예수 믿고 새 사람 되거래이. 인제 두 번 다시 비참하게 살지 말고 인간답게 살아보재이, 엉엉엉."

"흑흑흑… 알았어! 나도 예수님 믿고 새롭게 살아볼게."

영호는 쉬지 않았다.

또 다른 이를 가슴에 품고 외쳤다.

이미 영호의 절규를 들을 만큼 들은 사람들은 그가 긴말 하지 않아도 아예 제 쪽에서 미리 대답하기도 했다. 좁은 방 안에서 여러 번 같은 말로 권하는 소리를 들었으니 "알았어. 나도 예수 믿을게!" 하며 미리 자수(?)해버리는 것이다.

며칠 지나지 않아 그 방은 작은 교회가 된다.

영호는 밤낮으로 목회하듯이 동료 감호자들을 양육했다. 그들은 기상예배·낮예배·저녁예배 등등 틈나는 대로 예배를 드렸다. 생전 처음 읽는 하나님의 말씀이 신기했고, 난생처음 불러보는 찬송이 감격스러웠다.

특히 '나 같은 죄인 살리신'을 부르면서 얼마나 많이들 우는지, 사랑을 받아본 경험이 없어 다른 이를 사랑할 능력조차 잃어버린 사랑의 무능력자들. 한평생 '도둑놈' 소리를 들으며 죄인의 굴레를 쓰고 살아온 감호자들은 이 찬송을 부르며 울고 또 울었다.

이렇게 영호의 눈물로 뿌려진 복음의 씨앗은 평생을 어둠 속에 살아온 수많은 심령 속에 눈부신 생명의 싹을 틔웠다.

한 달 정도 지나니 영호네 방 사람들은 홀로서기를 할 수 있을 만큼 성장했다. 죄가 더한 곳에 은혜가 넘친다는 말씀처럼 그들은 눈에 뜨일 정도로 믿음이 쑥쑥 자랐다.

"저, 주임님. 다른 방으로 좀 옮겨주이소."

영호가 머뭇거리며 부탁했다.

"와? 지금 있는 방이 마음에 안 드나? 모처럼 방 사람들 다 전도해서 재미가 날 낀데."

"아닙니더. 다른 방에 가서 또 전도할라꼬예."

나는 부리나케 절차를 밟아 영호를 전방시켜 주었다. 그는 새로 만난 방 식구들의 인성과 습관 등을 면밀히 탐색하여 파악한 후, 때가 이르렀다고 생각되면 예의 그 무기를 휘둘렀다.

"내가 얘기 하나 해주까?"

어김없이 방 동료들이 영호를 중심으로 모여든다.

"있잖아… 있잖아… 흑흑."

영호는 또 울기 시작한다. 눈물은 이내 통곡으로 변하고, 처음엔 입을 삐죽이며 그를 바라보던 사람들도 한줄기 진한 감동으로 결국 영호를 끌어안고 운다.

"니도 인제 예수님 믿고 새 인간 되거래이. 다시는 짐승같이 살지 말재이, 엉엉…. 사람처럼 한번 살아 보재이. 우리 박 주임님도 나도 예수 믿고 새사람 됐다 아이가. 니도 꼭 예수님 믿어라이, 엉엉엉…."

"그래, 알았어, 알았어. 나도 오늘부터 예수 믿을게, 흑흑…."

한 달쯤 지나자 그 방도 교회가 됐다.

다른 방으로 또 옮겨 달라는 영호의 부탁이 이어졌다. 그러나 이미 그의 소문이 온 감호소에 널리 퍼져버린지라, 그가 방을 옮기면 으레 사람들이 "너 '있잖아' 하러 왔지?" 하고 놀려대곤 했다. 그러면 영호는 기다렸다는 듯 "그래, 있잖아…" 하며 즉각 울음을 터뜨렸다.

영호의 뜨거운 눈물로 시작된 복음전파의 열기는 급기야 감호자들 스스로 불붙게 했다. 믿고 보니 이렇게 좋을 수 없다는 그들의 고백은 동료 감호자들에게 그 누구의 전도보다 설득력 있었다.

먼저 신앙을 갖게 된 이들은 잠시도 쉴 새 없이 같은 방 사람들에게 뜨겁게 예수 그리스도를 소개했고, 그들의 고백을 듣는 이들은 놀라움을 금치 못했다. 지금 자기들 앞에서 눈물을 뚝뚝 흘리며 하나님을 전하는 사람의 과거를 누구보다 잘 알기 때문이었다.

그들이 누군가?

자기 이익을 위해서라면 어떤 흉악한 짓도 서슴지 않던 상습 전과자들 아니던가! 그런 이들이 자기 죄를 자백하며 이젠 예수님을 믿고 사람답게 살아보자고 간곡히 권면하는 것이다.

거친 인생의 밑바닥에서 짓밟히며 살아온 자들만이 공감할 수 있는 큰 감격의 잔치에 동참한 이들은, 죄인을 용서하시고 새 삶을 살게 하시는 하나님의 사랑과 능력을 온몸으로 체험했다.

이토록 놀랍게 변해버린 감호소의 뜨거운 분위기로 인해 흉흉한 청송 땅의 칼바람도 훈풍으로 느껴졌고, 감호소 뒤로 흐르는 냇물소리조차 생명이 넘실대는 이곳을 축복하는 청아한 음악소리로 들려왔다.

이제 청송은 죽은 자의 땅이 아니었다.

새 생명을 얻은 자들의 호흡이 힘차게 박동하는 생명의 땅이 됐다!

_흙 묻은 성경책

태종이라는 감호자가 있었다.

신경질적인 성격에 저돌성까지 가미된 그의 눈초리는 얼핏 봐도 살기가 느껴질 만큼 음산했다. 사고현장엔 항상 그가 있었고 사건의 배후를 캐면 언제나 그의 이름이 거명됐다. 한마디로 골치 아픈 사고뭉치였다.

따라서 그런 자들을 무자비하게 응징하는 게 주업이던 나와는 철천지원수가 되지 않을 수 없었다. 나를 바라보는 그의 눈빛이 예사롭잖아 늘 경계심을 늦추지 않았지만 '그래도 제가 날 어쩌랴' 하고 대수롭지 않게 생각했다.

한번은 감호자들 사이에 큰 싸움이 일어났는데 태종이가 주요 관련 인물이었다. 조사를 거쳐 2개월의 징벌이 선고됐고, 악을 쓰는 그를 독방에 가뒀다.

그는 징벌방에 들어가서도 독종짓을 계속했으며, 특히 자기를 조사해 징벌 먹인 '지옥에서 온 박 주임'을 향한 증오를 공공연히 드러냈다.

내가 거듭난 것은 태종이가 독방에 수용된 지 얼마 지나지 않아서였다. 하나님을 만나고 나서 그를 보니 그렇게 불쌍할 수가 없었다. 날마다 감호자들을 위해 눈물로 기도하던 중, 문득 그에게 복음을 전해야겠다는 생각이 들었다.

우선 성경을 한 권 주고 싶었다. 기왕이면 가장 좋은 가죽성경을 주면 좋겠는데, 당시 우리가 살던 읍내 서점에선 구할 수 없어 아내에게 부탁해 인근 도시에 가서 사 오도록 했다.

하필이면 그날따라 아내는 지독한 감기몸살로 끙끙 앓고 있었다. 그럼에도 내가 태종이의 형편을 말하고 안동까지 나가서 성경을 좀 사다 주길 간청하니 마지못해 그러마고 했다.

이튿날 아침, 아내가 사 온 성경책을 오토바이에 고무줄로 꽁꽁 묶고 출근길에 올랐다. 휘파람을 불며 달리던 중 '툭' 소리가 나서 돌아보니 고무줄이 풀어져 책이 길에 내팽개쳐진 게 아닌가.

비가 그친 지 얼마 안 된 바닥에 떨어져 온통 긁힌 채 진흙범벅인

책을 나는 오전 내내 물수건·마른수건으로 정성껏 닦고, 생채기가 난 부분들은 구두약을 칠해가며 고이 손질한 후에 태종이의 독방을 찾아갔다.

"태종아, 니 언제까지 그런 식으로 살 끼가? 니도 이제 사람 될 때가 됐을 낀데 참말로 답답대이. 이 성경책 읽어보고 인간 좀 돼봐라. 이 책 살라꼬 우리 마누라가 아파서 다 죽어가는 몸을 이끌고 안동까지 갔다 아이가. 그 정성 생각해서라도 꼭 좀 읽어라."

그래도 눈을 꾹 내리감은 채 목석같이 앉아 있는 녀석을 뒤로하고 돌아왔고, 큰 기대 없이 일상 업무에 파묻혔다.

열흘 정도 지났을까?

직원들의 입에서 이상한 소리가 흘러나왔다.

"박 주임이 또라이 되더니 태종이도 또라이가 됐단다."

"가도 이상하게 갔다며?"

무슨 말인지 확인해보니, 태종이가 독방에서 희한하게 미쳤다는 것이다. 벽을 쳐다보고 앉아서 종일 울다가 웃다가를 반복하는데, 특이한 것은 직원들을 보기만 하면 허리를 90도로 굽혀 인사하고(예전엔 인사는커녕 눈에 쌍심지를 켜고 노려봤다), 그동안 잘못했다고 사과까지 한다는 것이다.

소문을 종합해보니 아무래도 그가 은혜를 체험하고 회심한 것 같왔다. 나는 그에게 달려갔다.

"야! 태종아. 니 하나님 만났제? 틀림없제?"

"참말로 하나님이 살아계시네요. 잉잉잉…."

그 독살스럽던 얼굴은 어디 갔을까?

태종이는 독방 한가운데 퍼질러 앉아 울고 있었다. 한 손으론 연신 눈물을 훔치고 다른 한 손으론 내가 준 성경책을 으스러지게 부여잡은 채 퉁퉁 부은 눈을 껌벅이며 조심스레 물었다.

"주임님, 그런데 사모님은 어디가 아프세요? 무슨 중병에 걸리셨나요? 아직 살아계시는 거죠?"

"감기몸살이 들었다가 이젠 다 나았는데, 와 묻노?"

그 순간 멍한 표정을 짓는 태종이.

내가 성경책을 주던 날만 해도 그는 별 관심이 없었다고 한다. 그런데 소일거리 하나 없이 미치도록 지루한 날이 이어지던 차에 문득 박 주임의 아내가 사 왔다는 책에 눈길이 갔다.

흥미는 전혀 없었지만 그래도 가죽으로 만들어진 제법 괜찮아 보이는 책이라 들고 이리저리 훑어보던 중, 지퍼 사이에 묻은 흙가루가 눈에 띄었다(흙을 말끔히 닦아낸 줄 알았는데 일부가 끼어서 남아 있었나 보다).

'이상하다. 책에 웬 흙일까?'

그때부터 그는 상상력을 동원해 기막힌 소설을 쓰기 시작했다.

'박 주임이 성경책을 내게 줄 때 부인이 아파서 다 죽어가면서도 나를 위해 안동까지 사러 갔다고 했는데, 대체 무슨 병에 걸린 걸까? 분명 불치의 병일 거야. 백혈병? 아니면 암? 하여튼 이제 얼마 못 살고 죽을병이 틀림없어. 이 성경책에 흙이 묻은 것도 그 때문일 거야.'

그의 상상은 비약을 거듭했다.

'아마도 지쳐 병든 몸으로 이리 비틀 저리 비틀거리다가 결국은 이 책을 품에 안고 흙바닥에 쓰러지신 거야. 아, 나 같은 쓰레기를 위해 사모님이 죽음의 길을 힘들게 걸으셨다니!'

태종이는 성경책을 부여잡고 한없이 울었다.

태어나서 처음으로 자기를 위해 누군가가 희생해주었다는 사실 앞에 그의 못된 자아가 무너져내리기 시작했다. 이름도 모르는 어느 사모님이 죽음의 고통을 견뎌가며 자기를 위해 성경책을 사다 주었다는 것 자체가 그에겐 잠이 안 오도록 감격스러운 사건이었다.

한 장 한 장 성경을 넘길 때마다 눈물로 적셔진 그의 마음에 성령께서 놀랍게 역사하셨다. 그는 요한복음 3장 16절 앞에서 고꾸라졌다.

하나님이 세상을 이처럼 사랑하사 독생자를 주셨으니, 이는 그를 믿는 자마다 멸망하지 않고 영생을 얻게 하려 하심이라

어느 누구도 사랑해본 경험이 없었기에 이 큰 사랑을 받아들이기가 쉽진 않았다. 그러나 죽음과 싸우면서도 자신을 위해 이 귀한 책을 사다 준 사모님의 사랑이 계기가 되어 결국 태종이는 좁은 독방 속에서 하나님을 만나기에 이르렀다. 회개의 뜨거운 눈물이 그의 양 볼을 타고 흐르는 것을 본 직원들이 그를 미쳤다고 할만도 했으리라.

태종이의 이야기를 다 들은 나는 그를 끌어안고 울었다. 비록 우스꽝스러운 오해에서 비롯되긴 했지만, 그가 걸어온 고달픈 죄악의 가시밭길이 끝나고 이제 하나님의 빛 가운데서 살아가는 모습을 바라보는 내 마음이 얼마나 기쁘던지.

단순히 상상 속의 사랑에도 이토록 큰 능력이 있다면, 하물며 십자가 지신 예수님의 사랑은 얼마나 더 강력하랴!

그로부터 얼마 후 태종이가 나를 찾아왔다.

상담실에서 만나자마자 그는 무릎을 꿇고 앉았다.

오열하며 그가 털어놓는 이야기.

"주임님, 나는 주임님을 죽이려고 예행연습도 수차례 했고, 실제로 기습도 두 번이나 시도했습니다."

순간 한기가 쫘악 끼쳤다.

"주임님이 워낙 악질같이 우리를 조져대니까 주임님을 없애버려야겠다는 결심을 했지요. 까짓거 나야 무슨 일을 당해도 슬퍼해 줄 사람 하나 없는 천애고아 아닙니까?"

　태종이는 뜻을 같이하는 후배 세 명을 끌어들였다. 그리고 틈만 나면 둘이서 내 양팔을 하나씩 잡고 한 사람은 뒤에서 목을 젖히고서 그는 흉기로 찌르는 연습을 했다.

　어느 날 그들은 사무실로 들어가는 나를 발견하고 습격을 감행했다. 태종이는 길게 깨진 유리파편을 수건으로 감아 들고 다른 셋과 함께 사무실로 들이닥쳤다.

　그런데 방금 들어간 박 주임이 어디에도 보이지 않았다. 그 짧은 시간에 어디로 사라졌을까? 아무리 찾아도 없자 하는 수 없이 고개를 갸웃거리며 돌아갔다(놀라운 사실은 나는 그날 그들을 보았다는 것이다. 운동장 입구에 있는 간이 사무실에서 밖을 내다보니 태종이 일행이 유리창을 기웃거리기에 무슨 일인가 했는데 그들은 이내 돌아가 버렸다. 주님께서 그들의 눈을 가려주신 게 틀림없으리라. 지금 생각해도 아찔한 일이다).

　얼마 후 또 내가 사무실에 들어가는 것을 보고 재차 습격을 시도했으나, 막상 문 앞으로 가보니 직원들이 교육을 받으려고 모여 있어 뜻을 이루지 못했다.

　다음 기회를 노리자고 약속들을 했지만 그동안 다른 사건 때문에 태종이가 징벌을 받게 됐고, 그 기간 동안 앞서 일어난 일들을 통해 그가 복음을 접하게 된 것이다.

그를 생각할 때마다 우리의 사소한 순종을 통해서도 놀라운 구원의 드라마를 써 가시는 신실하신 하나님을 찬양한다!

_종삼이의 십일조

비상벨 소리와 함께 어지러운 발자국 소리가 한낮의 정적을 깨고 울려 퍼졌다. 비상출동하는 기동타격대원들의 고함소리와 지원출동하는 직원들의 손에 들린 진압기구들을 보니 어디선가 또 난동이 벌어진 게 분명했다. 나는 사무실을 박차고 뛰어나와 같은 방향으로 달려갔다.

"무신 일이고? 어디서 난동이 났나?"

"예, 2층 6공장 밖 복도에서 발생했습니다. 좀 심각한데요!"

같이 뛰어가던 직원 하나가 숨이 턱에까지 차서 헐떡이며 말했다. 공장건물의 계단은 난동 재소자들이 이미 작업대, 책걸상 등으로 막아서 쉽사리 위층으로 올라갈 수 없게 만들어 놓았다.

억지로 그 장애물 틈새를 비집고 올라가려니 깨진 유리창이 위에서 비 오듯 쏟아졌다. 진압 교도관들에게 난간 위에서 무차별로 흉기를 집어 던지는 감호자들의 수를 파악해보았다.

하나, 둘, 셋 그리고 저 뒤쪽에 하나….

앗! 또 조종삼이다.

온몸이 문신으로 뒤덮인 종삼이. 다혈질인 그는 속칭 의리파로서 위험한 상황이나 사고가 난 자리엔 어김없이 모습을 드러냈다. '청송감호소의 행동대장'으로 불리는 그가 오늘도 난동현장에 있었다. 벌써 그를 알아본 몇몇 직원들이 욕을 해댔다.

"저 쌍놈의 새끼! 오늘은 아예 반쯤 죽여 놔야지, 절대 그냥 두면 안 돼!"

그러나 종삼이는 여유만만한 표정으로 다른 감호자 셋을 독려하며 유리창을 마구 부숴대고 있었다. 그가 쇠파이프를 휘두를 때마다 산산조각난 유리가 허공으로 튀어 올랐다. 자기 삶 전부를 부스러뜨려 조각조각 날려버리는 게 유일한 소망이라고 몽유병자처럼 초점 없는 눈으로 말하던 종삼이. 번쩍이는 유리파편이 그의 부서진 인생처럼 요란한 소리를 내며 흩어졌다.

나도 하나님을 만나기 전엔 '태평양에 빠뜨려 물고기 밥을 만들어도 시원치 않다'고 이를 갈던 그였지만 이젠 불쌍하게만 보였다. 하나님을 몰라서 그렇지 무슨 딴 죄가 있으랴. 더러운 영들이 저들의 인격을 지배하고 있으니 그리될 수밖에 없지 않겠는가.

그러나 언제까지 감상에 빠져 있을 순 없었다.

눈앞의 상황은 일촉즉발의 전쟁터.

우박처럼 쏟아지는 파편을 방패로 막으며 십여 명의 직원들이 복도 이쪽 끝에서 진압준비를 했고, 저쪽 끝까지 밀린 난동자 넷은 길게 깨진 유리조각과 쇠파이프를 들고 최후의 발악을 했다.

유리 창틀을 통째로 머리에 뒤집어써 얼굴과 어깨에 피가 낭자한 채 흰자위만 번득이는 그들의 모습은 사람의 형상이라고 보기 어려웠다. 더욱이 날카로운 유리조각을 자기 목덜미에 대고서, 가까이 오거나 강제로 진압하면 그대로 찔러 자살해버리겠다고 악을 쓰며 위협하고 있으니 섣불리 접근할 수도 없었다.

"흉기를 버리고 투항해라. 어차피 진압될 텐데 고집 피우지 말고!"

직원들이 설득해도 막무가내였다.

"웃기는 소리 하지 말드라고! 까짓거 막가는 인생잉께."

"아무리 난동 부리는 중이라도 너, 말조심해!"

"퉁수 불고 앉았네. 맘대로 해보드라고. 내 목줄기에서 피폭포 쏟아지는 거 보고 싶으믄!"

"어이그, 저걸 그냥…."

직원들은 치를 떨었다.

이대로 대치상태가 계속되면 상황은 악화돼 결국 인명피해에 이르는 대형사고가 될 위험이 크다고 판단한 나는 앞뒤 잴 겨를도 없이 그들 앞으로 나섰다.

"가까이 오지 말랑께! 여차하면 확 그어버릴 텡께!"

"야야, 종삼아! 장사 한두 번 하나? 그만큼 했으믄 됐으니 고마 끝내라이."

"아따, 주임님 악질인 거 잘 알지만 나도 그리 호락호락 넘어가진 않을 텡께 그만두시요이."

그가 조금씩 다가가는 우리를 향해 협박 조의 고함을 질러댔다.

5미터… 3미터… 1미터.

나는 정확하게 종삼이의 눈을 응시하며 바싹 다가갔다. 그의 눈이 조금이라도 흔들리는 순간엔 몸을 스프링같이 날려서 물러나야 했다.

"종삼아, 그 파이프하고 유리 내한테 넘겨라. 그냥 진압되는 거하고, 니 손으로 흉기 넘겨주고 투항하는 거하고 천지 차이대이. 사나이답게 깔끔하게 항복하고 내 체면도 살려주라."

눈과 눈 사이로 수많은 대화가 오갔다.

이들은 때로 돈키호테 같은 행동에 감동한다. 무식하다 싶을 만큼 엉뚱하고 치기 어린 행동에 일말의 동질감을 느끼는 것이다. 그래서 난동 부릴 때 멀찌감치서 욕하거나 강제로 진압하려고 하면 오히려 거세게 저항하지만, 진압자가 당당히 단신으로 나서면 뜻밖에 승복하는 경우가 많다. 아무리 원수같이 지내던 사이라도 그 순간만큼은 일말의 공감대가 형성되는 것이다.

"항복하면 어쩔라요? 묶어놓고 막 쥐어팰라요?"

"아니! 약속하게. 내사 인제 하나님 믿는 사람 아이가. 절대로 그런 일 없을 꺼니까 속히 승복해라. 내 약속하꾸마."

"참말이지요이? 완전히 없던 걸로 해주는 거지요이?"

"그건 안 되지. 느그가 저지른 난동에 대해서 행정처분은 받아야제. 그 정도는 각오하고 난동부린 거 아이가?"

다른 녀석들이 종삼이의 눈치를 본다.

그는 습관대로 눈알을 굴리다가 결정을 내렸다.

"좋소. 박 주임님 체면 봐서 끝냅시다요."

종삼이는 이렇게 명분을 내세우며 항복했다.

결국 세 시간여에 걸친 난동은 진압됐고, 이들은 포승과 수갑에 묶인 채 조사방에 수용됐다. 늘 그랬듯이 종삼이는 독방 속에서도 행동대장답게 의연한 자세를 유지하려고 무진 애를 썼다.

예전에 나는 그런 모습에 배알이 뒤틀려 어떻게든 그의 심사를 긁어놓으려고 했었다. 그러나 배후에서 저들을 타락으로 이끄는 악한 사탄의 세력이 있음을 알고부턴 그런 종삼이의 모습도 측은하게 여겨졌다.

"종삼아, 니도 예수님 믿어봐라. 얼마나 좋은지 모른대이."

"나는 예수보다 내 주먹을 더 믿는구만이라."

"니 언제까지 그렇게 살라 카노? 인자 나이도 그만큼 묵었쓰믄 인간같이 살아야 하지 않겠나?"

"그런 소리 한두 번 들은 게 아니어라. 다 배부르고 살기 좋아 예수지, 우리 같은 인생 한번 살아보랑께. 그래도 그따위 속 편한 소리가 나오는지."

쥐눈처럼 교활하게 반짝대는 그의 안광을 보며 '이 녀석은 예수 믿기 힘들겠구나. 택한 백성이 아닌가 보다' 생각하며 걸음을 옮겼다. 그러곤 그에 대해 더 생각할 여유 없이 일상 속에 다시 파묻히고 말았다.

시간이 흘렀다.

감호소 분위기는 차츰 제 자리를 잡아갔고, 그토록 극렬하던 감호자들의 난동과 사고도 눈에 띄게 줄어들었다. 종삼이에 대한 관심이 거의 희미해질 무렵, 직원들의 입을 통해 그의 소식을 듣게 됐다.

"태종이 같은 또라이가 또 하나 생겼더구먼."

"그게 누군데?"

"조종삼이 있잖아!"

"그 꼴통도 환자(예수 믿고 변화된 사람들을 이렇게 부른다)가 됐단 말야? 태종이도 박 주임같이 또라이가 되더니만 종삼이도 그렇게 됐다고?"

　종삼이도 독방 속에서 하나님을 만난 것이다.

　그의 변화는 놀랍게도 아무런 극적 계기 없이 너무나 평범하게 이루어졌다. 징벌을 살면서 할 일 없어 심심하던 차에 성경책이나 한번 읽어볼까 싶어 뒤적였는데, 말씀 속에 역사하시는 성령께서 어느 순간 그의 마음을 휘어잡아버리신 것이다.

　하나님께서 죄인을 불러 회개케 하시고 자녀 삼으시는 방법은 그야말로 다양한 모습으로 이루어진다는 것을 종삼이의 거듭남을 보면서 새삼 깨닫게 됐다. 그는 아무리 생각해도 이해할 수 없는 자신을 바라보며 하염없이 울었다고 한다.

　어린 나이에 범죄세계에 뛰어들어 어둠 속에서 잔뼈가 굵은 종삼이. 소매치기에 천부적 재질을 보여 이 분야에서 나름대로 일가를 이루었다고 자부하던 그는, 면도칼 하나만 있으면 남의 주머니 속의 돈이 다 자기 것이라고 큰소리칠 정도였다.

　난폭하고 저돌적인 범죄자였던 그가 예수님을 믿는다는 사실 자체도 기적이었지만, 더 놀랄 일은 그 후에 나타나기 시작했다.

　직원들과 동료 감호자들의 표현대로 '또라이'가 된 그는 성자 같은 사람으로 바뀌어갔다. 나도 신앙으로 변화된 사람들을 수없이 봤지만 그는 참 특이했다.

갓 잡아 올린 생선처럼 팔딱대던 성질은 어디로 가고, 항상 느릿느릿한 걸음걸이로 뭔가를 골똘히 생각했다. 말투도 점점 온순해졌고 쉼 없이 성경을 읽어댔다.

당시 그는 감방 안에서 종이 접는 작업을 했다.

주로 일본 수출용으로 갖가지 색종이를 가지고 다양한 모양을 만드는 일이었는데, 단가는 낮았지만 많은 수량을 만들면 제법 괜찮은 벌이였다.

한 푼이라도 더 받으려는 욕심에 어떤 이들은 취침시간이 지나도 담당근무자의 눈을 피해 작업을 계속하다가 발각이라도 되면 호된 꾸지람을 듣곤 했다.

한 달에 채 5만 원도 안 되는 수입이었으나 그들에겐 유일한 생명줄이었기에, 자신이 만든 제품의 숫자 하나하나에 신경을 곤두세울 수밖에 없었다.

종삼이는 참 열심히 일했다.

밤낮으로 얼마나 종이를 붙들고 살았는지 손 전체가 얼룩덜룩 물들 정도였다. 그는 한밤중까지 창틀 밑에 바짝 다가앉아 작업하다가 근무자에게 들키면 씨익 웃으며 말했다.

"담당님요, 한 번만 봐주시요잉."

그러면 근무자들도 '참 희한한 일이 다 있네. 조종삼이 같은 놈이 저렇게 열심히 일을 하다니' 싶어 못 본 척해주었다.

한 달간 열심히 작업한 그의 근로보상금 액수는 다른 사람의 배나 됐다. 그야말로 '뼈 빠지게 번 돈'으로 종삼이는 십일조를 했다. 수입에서 십 분의 일을 떼어 빵과 우유를 샀다.

개인통장에 적립해 관리되는 근로보상금은 본인에게 현금으로 지급되지 않기에, 그는 그 액수만큼 물건을 받아서 병동에 수용된 환자나 고령자들을 찾아가 나눠주었다. 돈을 한 푼도 벌 수 없는 노약자들에게 종삼이가 갖다 주는 빵 한 개, 우유 한 병은 참으로 요긴한 선물이었다.

종삼이의 봉사는 날이 갈수록 활발해졌다.

어느 날 그가 심각한 얼굴로 나를 찾아왔다.

"주임님, 시간 쪼까 내줄 수 있나요?"

"그래, 내 시간 있다. 할 말 있으면 해봐라."

"정현이 아요? 김정현이!"

갑자기 정현이라니? 얼른 생각이 나지 않아 종삼이 얼굴만 멀거니 쳐다보고 있자니, 그가 답답하다는 듯 따발총처럼 말을 이었다.

"아, 긍께 요새 눈깔 멀어간다고 난리법석 떠는 놈 있잖여요? 노상 자살하겠다고 공갈치는 정현이 말여요."

아, 그 정현이! 그도 역시 고아출신이라고 들었다. 전과도 종삼이

못지않은 녀석이지만 의외로 조용하게 생활하는 감호자였다. 최근에 시력이 나빠져 뿌연 안개 같은 것만 보인다며 '어차피 장님으로 살아갈 팔자라면 죽어버리고 말겠다'고 수시로 고함을 질러댄다는 그의 얘기였다.

"그래, 알지. 그런데 니하고 정현이가 무슨 상관인데?"

"갸가 참 불쌍한 놈이여요. 그냥 놔두믄 틀림없이 큰 사고 칠 놈잉께, 나 있는 방에 보내주시요."

"니 방에 보내주면 무슨 뾰족한 수라도 있나?"

"긍께, 믿고 보내기만 해주시요이. 나가 책임지고 잘 델꼬 있을 자신 있당께요."

그의 진지한 부탁에 따라 절차를 밟아서 정현이를 종삼이 방으로 옮겨주었다. 그날부터 그의 헌신적인 섬김이 시작됐다. 종삼이는 지금까지도 열심히 작업해왔지만 이젠 두 사람 몫을 채우기 위해 거의 밤잠을 자지 않고 몰두했다.

앞이 보이지 않아 거동조차 불편한 정현이의 손과 발이 돼가는 종삼이의 모습은 동료 재소자들 사이에 잔잔한 감동을 불러일으켰다. 정현이가 벗어놓은 빨랫감은 늘 그가 빨았다. 그러면서도 짜증스러운 표정 한 번 짓지 않고 오히려 그렇게 사는 것을 큰 낙으로 여겼다.

처음엔 정현이가 도리어 거북해했다. 이유 없는 친절과 보살핌이 부담스럽고 값싼 동정 같아서 짐짓 반발하며 욕설을 내뱉기도 했다.

그러나 종삼이는 일편단심이었다. 그는 정성을 다해 정현이를 도우며 수시로 복음을 전했다. 유창하거나 조리 있진 않아도 성심껏 자신이 만난 하나님을 증거했다.

"근디 나가 독방에 있을 때 하도 승질이 나가꼬 확 제껴불라고(자해하려고) 숱하게 맘 먹었는디, 참 이상도 허제? 어느 날 밤에 말여, 갑자기 몸이 나른해지드랑께."

정현이는 보이지 않는 눈을 껌벅이며 차츰 흥미롭게 그의 말을 들었다.

"참 희한한 일이 벌어졌제. 갑자기 내 속에 뭣인가 울컥 하드만, 움메! 눈물이 막 나드라니까. 참말로 눈물 한 방울 흘릴 틈도 없이 독종같이 살아왔는디, 와따! 펑펑 눈물이 터지더라고. 나 혼자 생각해도 쪽팔리지만 그래도 참 많이 울었당께. 정현이 너도 인자부터 예수님을 믿어봐라. 눈깔 안 보이는 거, 그런 거쯤은 아무것도 아니여."

"……."

"뭐든지 나가 도와줄 텡께, 너는 예수님만 믿으믄 되는 거여."

종삼이의 전도공세는 계속됐고 며칠 후 정현이는 마침내 그를 부여잡고 통곡을 터뜨리고 말았다. 천애고아로 어릴 때부터 밑바닥 세계를 전전하며 어둠 속에서만 살다가 이 청송감호소까지 오게 된 자신의 처지가 얼마나 한스러웠겠는가. 그 한을 밖으로 표출하지 못하고 속에만 담아둔 채 피눈물을 흘리다가 실명위기까지 이르고 말았으니 그 북받치는 설움이 오죽했으랴.

그런 자기를 위해 밤낮 가리지 않고 양손에 울긋불긋 물감이 배도록 일하는 종삼이. 날마다 작업한 양을 신고하고 제품을 검수받을 때 어김없이 절반을 뚝 떼어 자기 몫으로 챙겨주면서 즐거워하는 그. 때묻은 속옷까지도 기꺼이 빨아주며 돕는 종삼이의 모습에서 정현이는 평생 모르고 살았던 참사랑을 맛보았다.

종삼이는 모범수로 좋은 평가를 받아 일찍이 가석방됐다. 긴 감호소 생활에서 열심히 번 돈은 다 남을 위해 썼기에 그의 손엔 달랑 20여만 원뿐이었다.

먼 산골짜기에 살고 계신다는 칠순의 무당 어머니 말고는 달리 찾아갈 데가 없음을 잘 아는 나는 그의 손을 붙잡고 신신당부했다.

"종삼아, 다시는 죄짓지 마래이. 배고파 죽을 꺼 같으믄 내한테 연락해라. 인제는 다시 재범하믄 안 된다이."

"알았어요. 인자 배신 안 할랍니다."

김신웅 장로님(청송교정시설 교화위원으로 수많은 재소자와 출소자들을 사랑으로 품는 분이자, 나와 이덕진 목사님을 처음 만나게 해주신 분) 댁에서 출소예배를 드리고 떠나가는 그의 등에 대고 한 번 더 큰소리로 외쳤다.

"종삼아! 다시는 죄짓지 마래이!"

그 후 종삼이는 사흘이 멀다 하고 편지를 보내왔다. 갑자기 바뀐 환경으로 당황스럽다는 얘기와 살아갈 장래에 대한 걱정 등을 털어놓았다. 그러면서도 언제나 일상의 이야기들을 잔잔히 담아 보내주었다.

오늘 오랜만에 광주를 다녀왔습니다.

그동안 깊은 산골짜기에 처박혀 있던 촌놈의 행색에 다들 흘끔거리더군요. 배고픈 전과자의 눈엔 버스 안에 타고 있는 사람들의 주머니 속이 다 들여다보였습니다. 손만 한 번 내밀면 저 돈이 전부 내 건데…. 얼마나 많은 유혹이 저를 흔들었는지 모릅니다.

한 번만, 딱 한 번만 하고 말까?

그러나 주임님!

다시는 죄짓지 말라던 그 외침이 늘 저를 일깨우고 있으며, 하나님을 믿고 새사람이 된 나 자신을 배신하지 말아야겠다는 결심이 아직도 저를 지탱하고 있음을 새삼 발견하고 얼마나 감사했는지요.

당분간, 아니 어쩌면 이 땅을 떠나는 날까지 저는 이 산골에서 살아야 할 것 같습니다. 광주 시내에 잠시 들렀다 왔을 뿐인데도 제 눈앞에 휘황찬란한 도시의 풍물이 어른거립니다.

'형님, 촌구석에서 도 닦지 말고 업소 상무라도 해보쇼' 하고 권유하는 후배 녀석들의 유혹도 귓전을 맴돕니다. 그러나 저는 압니다. 그 도시 속으로 들어가기만 하면 저는 여지없이 망가지리란 것을. 그래서 오늘도 털털거리는 버스를 타고 나의 보금자리, 골짜기로 돌아왔습니다.

주임님, 죄짓지 않고 살아갈 수 있도록 늘 기도해주십시오⋯.

2017년 1월, 참으로 오랜만에 종삼이의 전화를 받았다.

"장로님, 쓰신 책 〈하나님은 아무도 포기하지 않는다〉 잘 읽었당께요. 옛날 생각 엄청 나누만요."

"종삼아, 니 요새 뭐 하고 지내노? 아직도 산골에 살고 있나?"

"아니어라. 광주에서 좋은 일자리 얻어 잘 지내고 있어요. 교회요? 물론 열심히 잘 나가고 있응께 걱정 마시라요."

난동부리던 예전 이야기를 추억 삼아 나누다가 내가 슬그머니 그의 계좌번호를 물었다. 혹시라도 살기 어려우면 조금이나마 도와줘야겠다는 생각이었다.

"장로님! 앞으로 한 번만 더 그런 거 물으시면 다시는 전화 안 할라요. 도움 안 받고 사는 거 얼마나 자랑스러운지 아시오? 아직도 나 몰르요?"

전화를 끊고 몸을 돌려 창문 너머 소망교도소 보안과 쪽을 바라보는 내 눈에 종삼이의 웃는 모습이 겹쳐 보였다. '다시는 죄짓지 말자'는 그와 나의 다짐이 이젠 청송을 넘어 소망교도소에도 우렁차게 메아리치는 듯하다.

_ 운동회 음모

매년 한 번씩 갖는 감호자 운동회를 앞두고 소내엔 제법 흥겨운 기운이 넘실댔다. 각 공장에선 특색 있는 가장행렬도 준비하고, 운동에 소질 있는 사람들을 선발해 미리부터 연습에 열을 올리기도 했다.

마라톤을 비롯한 육상 각 종목, 배구, 기마전 등 다채로운 경기로 그동안의 스트레스를 풀고 지루한 생활에 변화를 주는 이 운동회는 감호자들에겐 연중 제일의 축제인 셈이다. 이 행사를 준비하는 동안만큼은 별다른 사고도 없고 그나마 여유로운 마음과 넉넉한 웃음을 맛볼 수 있었다.

온 감호소가 운동회를 며칠 앞둔 설렘으로 술렁이던 어느 날, 나는 공장 입구에서 근무감독을 하고 있었다. 많은 감호자들이 일과를 마치고 각자의 방으로 들어가면서 다양한 표정으로 내게 인사했다. 불과 얼마 전까지만 해도 '지옥에서 온 박 주임' '싸늘한 태양'으로 불리며 악명 높던 사람이 예수 믿고 전혀 딴사람이 됐다는 것에 대해 그들 사이에서도 의견이 분분했다.

"야! 박 주임이 기적같이 변했다던데?"

"웃기는 소리 말아. 사람이 어떻게 그리 갑자기 바뀔 수 있어? 분명히 사기야. 괜한 쇼라구, 쇼!"

"그래도 왠지 연기하는 것 같진 않은데…."

나는 내 앞을 지나가는 수많은 감호자들의 그런 표정을 빙그레 웃으며 읽고 있었다. 예전과는 달리 호감 어린 눈빛을 보내오는 많은 재소자들의 모습에서 벅찬 감사와 기쁨을 느끼며.

그때 멀리서 건들건들 걸어오는 명환이의 모습이 보였다.

훤칠한 키, 탄탄한 가슴, 온몸에 꿈틀대는 근육은 보는 사람을 늘 긴장시킨다. 남다른 외모에 걸맞게 그도 유명한, 꽤나 지능적인 사고뭉치였다.

앞에 나서지 않고 늘 뒤에서 모든 사건을 조종하며 자신은 미꾸라지처럼 빠져나가서 한 번도 징벌받은 적이 없었다. 그러나 알 만한 사람은 모두 그가 사고의 배후주범임을 잘 알았다. 한마디로 상종하기 껄끄러운 부류의 인간이었다.

그가 가까이 다가오고 있었다.

나는 반사적으로 고개를 반대쪽으로 돌려 외면했다. 꼴도 보기 싫은 녀석. 명환이는 전형적인 건달의 모양새로 내 앞을 지나갔다. 쌍가 마가 선명한 그의 뒤통수를 바라보자 '카악' 침이라도 뱉고 싶은 충동이 확 일었다. 두 걸음, 세 걸음… 멀어지는 그의 뒷모습을 짜증스럽게 바라보는데, 돌연 전혀 다른 생각이 내 온 맘을 휘어잡았다.

'하나님의 큰 사랑을 받고 복음을 전한다는 내가 명환이에게 느끼는 이 몹쓸 감정은 과연 뭐꼬? 그에겐 복음이 필요 없단 말인가?'

순간적으로 갈등이 교차했다. 불러서 복음을 전할 것인가 그냥 내버려 둘 것인가? 주저하는 동안 그는 점점 멀어져갔다. 드디어 마음을 정한 내가 그를 큰 소리로 불렀다.

"야! 명환아, 잠깐 내 좀 보자."

그가 멈칫하더니 의아한 눈초리로 뒤돌아보았다.

"왜 그럽니까?"

퉁명스런 어조였다.

"내하고 얘기 좀 하자."

그를 데리고 사무실로 들어왔다. 내키지 않는 걸음으로 따라온 그를 맞은편 의자에 앉히고 내 이야기를 시작했다. 폐방시간이 넘어가고 있었지만 보안본부에 그와 개별상담을 하노라고 연락해놓았으니 염려는 없었다.

"명환아, 니도 알다시피 내가 얼마나 악질 짓을 많이 했노? 물론 느그들이 잘못했지만, 그래도 내가 너무 심했던 거 잘 안다. 그런 내가 우째 이래 변한 줄 아나?"

그는 대답할 기분도 아니라는 듯 뚱하니 내 얼굴만 쳐다보았다. 그러나 이미 시작된 내 간증은 시간이 지날수록 더욱 진지해졌고, 그때의 상황이 재현돼 충만한 은혜가 내 영혼을 사로잡았다.

이윽고 내가 긴 암흑 같은 인생의 터널을 뚫고 참빛을 발견하던 날 밤의 사건들과, 그토록 증오하던 감호자 한 사람 한 사람이 너무나 사랑스러워 끌어안고 눈물로 기도하던 이야기가 이어질 때쯤엔 내 눈에서 굵은 눈물마저 뚝뚝 떨어졌다. 명환이의 얼굴이 좀 상기된 것도 같았으나, 여전히 그의 표정은 무쇠솥같이 무뚝뚝하기만 했다.

"명환아, 내는 니도 사랑한대이. 아까 니가 내 앞을 지나갈 때 처음엔 꼬라지도 보기 싫었지만, 인제 니한테 복음을 전하면서 내가 회개했대이."

또다시 눈물이 흘렀다.

내 손에 꽉 잡힌 그의 손이 가느다랗게 떨려왔다.

"명환아, 니도 이제는 새롭게 살아봐라. 해답은 오직 예수님 한 분밖에 없대이. 오늘부터 내가 니를 위해서 기도해줄 끼다. 알것제?"

다음에 다시 만나서 함께 더 이야기 나누자는 제의에 그는 시무룩한 얼굴로 몇 번 고개만 끄덕이곤 사무실 문을 나섰다. 그런데 그가 자기 감방 쪽이 아니라 반대편 벽돌공장을 향해 어슬렁거리며 가는 게 보였다. 얼핏 의심이 마음을 훑고 지나갔다. 혹시 엉뚱한 곳에 숨어서 사고라도 치려는 게 아닐까? 소변을 보러 갔을지도 모른다고 생각하며 몇 분 더 기다려 봐도 그는 나오지 않았다.

부쩍 의구심이 들어서 황급히 문을 열고 공장 안으로 뛰어들어갔다. 중간쯤에 쌓인 벽돌 무더기 옆에 그가 주저앉아 있었다. 두 손으로 머리를 감싸고 쭈그려 앉은 모습이 예사롭잖았다.

시간이 너무 늦었고 장소도 외딴곳이라 단둘이 있다간 무슨 봉변을 당할지 모른다는 불안감도 들었지만, 여하튼 말을 붙여보려고 가까이 다가서서 그를 유심히 살펴보았다.

그가 어깨를 들썩이며 울고 있는 게 아닌가!
조용히 그 옆에 쪼그리고 앉아 어깨에 손을 얹었다.
그 순간 명환이의 몸이 고꾸라지듯 내 품 안으로 쓰러져 왔다.
"박 주임님! 박 주임님!"
그는 떨리는 음성으로 눈물을 삼키며 내 이름만 불렀다.
"그래, 명환아…."
나는 이미 하나님께서 그에게 역사하고 계심을 직감했다.
"제 인생, 헛산 걸 깨닫습니다. 주임님, 저 좀 도와주세요."
그는 고개를 내 품에 파묻은 채 계속 울기만 했다. 많은 이야기를 주고받으며 그의 회심을 축하하고 방으로 데려다주었다.

언제나 내 작은 순종을 통해 놀라운 일을 이루어 가시는 하나님! 명환이의 마음이 바뀌다니 정말 기적 중의 기적입니다. 지금까지 행하신 모든 일이 놀랍지만, 명환이 같은 사람마저 눈물을 흘리게 해주시니 감사합니다!

그 후 며칠을 두고 담당근무자를 통해 그의 동태를 확인한 결과, 창문 앞에서 멍하니 생각에 잠겨 있는 모습이 특이하다고 했다. 그러나 운동회 날이 코앞에 다가왔으므로 나는 그에게 한동안 관심을 가질 수 없었다. 각 출전팀의 준비상황과 가장행렬 준비를 비롯해 보안상 문제점까지 챙기느라 정신없을 때였다. 운동회를 이틀 앞둔 날 오후, 명환이의 담당근무자에게서 전화가 왔다.

"주임님, 명환이가 급히 뵙고 할 말이 있다는데요."

"지금 눈코 뜰 여유도 없는데, 중요한 일 아니믄 운동회 끝나고 만나면 안 될까?"

"제가 보기에도 아주 다급한 것 같아요. 아침부터 안절부절못하는 모습이 이상해서 계속 관찰 중입니다."

그런 보고를 받고 보니 생각이 달라졌다.

"그라믄 이리 데리고 와주소."

20여 분 후 명환이가 조사실로 들어왔다.

"주임님, 문 좀 잠가주십시오."

의아했지만 나는 철제 자물쇠를 잠갔다. 그와 동시에 그는 허리춤에 손을 집어넣더니 뭔가를 꺼내 들었다. 시퍼런 칼 두 자루였다.

순식간에 내 온 신경이 팽팽한 긴장으로 부풀어 올랐다.

그렇다면 소문에 들리던 암살특공대 주동자가 바로 명환이?

간간이 입수되는 정보에 의하면 몇몇 재소자들이 뭉쳐서 자신들이 점찍은 교도관들을 제거할 것이라는 소문이 떠돌고 있었다. 그럴 리 없다고 생각하면서도 나는 그의 시선과 칼끝의 방향을 예리하게 주시했다. 최악의 경우에도 치명적인 공격은 피해야 하기에.

그러나 다행히 내가 우려한 상황은 일어나지 않았다.

길고 짧은 칼 두 자루를 손에 들고 잠시 나를 쳐다보던 명환이가 휘청거리듯 의자에 털썩 주저앉았다. 그리곤 칼을 책상 위에 획 던지고 조사실 바닥에 꿇어앉아 흐느끼기 시작했다.

"주임님, 고백할 게 있어서 왔습니다. 실은 몇 달 전부터 운동회 날 인질난동을 준비해 왔습니다."

"뭐라꼬?"

"운동회 참석자 중 제일 높은 사람 하나를 시상식 때 인질로 잡아서 최소한 안동 시내까지라도 탈출하려 했습니다."

울면서 고백하는 그의 이야기는 다음과 같았다.

애초부터 감호소 생활에 염증을 느껴 자포자기 상태가 된 어느 날

'어차피 이렇게 살다가 죽을 것, 거창한 사고나 한번 치고 끝장내자'는 결심을 하게 됐다. 그래서 사회적으로도 큰 물의를 일으킬 만한 사건을 계획하던 중, 운동회 날 방문하는 외부인사들 가운데 제일 지위 높은 사람을 택해서 인질 탈주극을 벌이기로 했다.

철판 폐품을 주워서 감시의 눈을 피해가며 공장 그라인더나 시멘트 모서리에 갈고 갈아 칼을 만들었다. 불시 검방에 적발되지 않으려고 칼 두 개 중 하나는 벽지를 찢어 숨기고, 다른 하나는 천장에 넣어서 그 위에 몇 겹의 종이를 발라 감추었다.

운동회 당일엔 그것을 몸에 숨긴 채 시상식 단상에 올라서는 순간 (그는 스포츠에 만능이라 어떤 종목에든 우승할 게 확실했으므로) 칼을 꺼내서 인질을 잡겠다는 계획이었다.

그런데 며칠 전 폐방시간에 나와 마주 앉아 이야기를 나누게 된 것이다. 내 신앙간증이 처음엔 시답잖게 들렸다. 그런데 점점 가슴이 벅차오르더니 왠지 울고 싶어지는 마음을 이길 수 없어 벽돌공장 맨바닥에 주저앉아 울기 시작했는데….

'내가 알던 지옥에서 온 박 주임이 저렇게까지 변할 수 있을까?'

도저히 믿기지 않는 일이었다. 그러나 지금 눈앞에 보이는 저 눈물과 진지한 표정 하나하나는 하나님이라는 존재가 아니고선 도저히 설명될 수 없다는 확신에 그의 고집스러운 자아가 뿌리부터 흔들렸다. 그토록 미워했던 감호자를 끌어안고 기도하는 박 주임의 모습에서 진정한 사랑을 어렴풋이 느끼게 된 것이다.

자신만의 벽 안에서 방어본능에 사로잡혀 살아온 인생.

생존을 위해 피나는 투쟁으로 일관해 온 그의 삶에 가늘게나마 균열이 생기더니, 급기야 지난 세월 저질러 온 악행들이 못 견딜 죄책감으로 양심을 짓눌러왔다.

그와 동시에 며칠 후 실행하려는 인질난동이 크게 잘못된 짓임도 뼈저리게 느껴졌다. 공장바닥에 주저앉아 펑펑 울던 그는 나와 헤어져 방에 들어간 후에도 갈등에서 벗어나지 못한 채 깊은 고민에 빠져들었다.

'자수를 할까 말까? 그냥 칼만 없애버리고 모른 척 지나가면 그뿐 아닐까?'

그러나 이미 하나님께서 명환이의 속사람을 만지셨으므로 더 이상 죄의 잔재를 묵과할 수 없었다. 그래서 망설이던 끝에 용기를 내어 나를 찾아와 그 칼을 내놓은 것이다.

이제 고민의 공이 내게로 넘어왔다.

이 엄청난 사건을 보고할 것인가 덮어둘 것인가?

무릎을 꿇고 우는 그를 내려다보며 나는 갈등했다.

"명환아, 내가 묻는 대로 솔직하게 대답해보래이."

"예, 주임님. 뭐든지 있는 그대로 말씀드리겠어요."
"이 일을 아는 사람이 누구고?"
"아무도 없습니다. 저 혼자 생각하고 준비했습니다."
"칼 만들어놓은 거 본 사람은 없나?"
"전혀 없습니다."

그의 눈과 표정을 살폈다. 결코 거짓말하는 것 같진 않았다. 그렇다면 엄청난 사건을 준비하다가 하나님의 은혜로 회개하고 내 품 안에 들어온 녀석을 나는 과연 처벌해야 할 것인가?

"명환아! 니가 마땅히 엄히 징계받아야 할 짓을 했지만 돌이키고 자수해 왔으니 없던 걸로 하마. 그러니 니도 기억 속에서 싹 지워버리고 앞으론 진짜 멋있는 모범수가 한번 돼봐라, 알았제?"

울던 그가 멈칫 고개를 들고 나를 쳐다보았다. 그러곤 대답 대신 입술을 꽉 깨물고 눈물 고인 얼굴로 고개를 끄덕였다. 입으로 맹세의 말을 하는 것보다 묵묵한 그 모습이 한층 더 믿음직스러웠다.

흉기는 폐기 처분하고 이 사건은 불문에 부치기로 한 후 그를 돌려보냈다. 뒤돌아 나가는 그의 모습을 보며 나는 한줄기 오싹한 전율을 느꼈다. 만약 그날 폐방시간에 명환이 꼴이 보기 싫다고 그냥 내버려 뒀다면 어찌 됐을까? 교정 사상 전무후무한 대 인질극이 벌어졌을 게 아닌가? 이토록 세밀하게 순간순간 역사하시는 하나님의 놀라운 섭리를 찬양하지 않을 수 없었다.

　명환이는 그 후 일 년여를 더 복역하다가 최선을 다하는 태도가 높이 평가돼 가출소했으며, 지금은 강원도 어디에선가 조그만 가게를 운영하며 성실한 사회인으로 살아가고 있다.

　주님, 그의 생애 다하는 날까지 두 번 다시 악의 계략에 말려들어 인생의 실패자가 되는 일이 없도록 도와주시옵소서!

_ 진짜로 죽을 뻔했네

　예수님을 구주로 영접하기로 작정한 수많은 재소자들이 모두 거듭나서 새로운 삶을 사는 건 아니다. 게 중엔 말로는 믿는다고 하면서도 실상은 전혀 신앙과 거리가 먼 사람도 적잖다. 자기 유익을 위해 하나님의 이름을 서슴없이 도용하기도 하고, 겉으론 눈물을 펑펑 쏟으며 은혜받은 행세를 하지만 실상은 다른 속셈을 교묘히 숨긴 감호자도 꽤 많다. 그러므로 영적 분별력 없이 이들과 잘못 접촉했다간 영락없이 이용당할 위험이 늘 도사리고 있다.

　그중에서도 원종이라는 감호자가 유별났다.

　성경을 줄줄 외우다시피 하고, 입만 떼면 '하나님의 영광'이었다. 유창한 말솜씨에, 기도할 때마다 터져 나오는 눈물과 경건한 표정 또

한 일품이라 그를 처음 대하는 사람은 감탄하지 않을 수 없었다.

그러나 그는 담당근무자의 일거수일투족을 깨알같이 수첩에 기록해 조그만 실수라도 눈에 띄면 그걸 미끼 삼아 온갖 요구를 해대는 통에, 직원뿐 아니라 동료 감호자들도 기피하는 이른바 '바퀴벌레'였다. 그는 '이웃의 불행이 나의 행복'이라는 신념으로 남 괴롭히기를 낙으로 삼고 살았다.

그는 교무과나 출입하시는 목사님들을 통해 각 교회의 주소를 알아내 장문의 편지를 쓰곤 했다. 으레 '할렐루야!'로 서두를 뗀 다음, 구구절절 눈물 없이는 못 읽는 사연을 써 내려간다. 한 단락 넘어갈 때마다 어김없이 성경구절이 인용되고 속죄의 함성이 메아리치니 이런 편지를 처음 읽는 사람들은 벅찬 감격에 빠져들지 않을 수 없었다. 그래서 성심을 다해 답장해주고 물질적 도움도 아끼지 않았다. 그러나 원종이는 슬슬 밑천이 드러나고 받을 만큼 받았다 싶으면 또 다른 후원자를 찾아 나섰다.

이렇게 그는 하나님을 빌미 삼아 풍요로운 삶을 누렸다.

그러나 수단방법 가리지 않고 자신이 원하는 것을 이루며 살아온 그에게도 장애물이 있었으니, 바로 대쪽 같은 성격의 담당근무자들이었다. 대부분의 직원들은 감호자들의 '지랄 같은 성질'이 더러워서 웬만한 요구는 들어주고 못 본 척 넘어가곤 했다.

그러나 목에 칼이 들어와도 맡은 바 소임에 사명감이 투철한 교도관들도 있었다. 어떤 유혹이나 협박 앞에서도 눈 하나 깜짝이지 않고 법대로 업무를 집행하는 이들이야말로 원종이에겐 가장 거슬리는 존재였다. 그런 이유로 원종이는 끊임없이 그들을 괴롭혀서 지친 교도관들이 스스로 자기에게서 시선을 돌리게끔 만들려 했다.

그중에서도 자살하겠다는 협박이 가장 큰 무기였다.
수용 중인 재소자가 자살할 경우 교정기관에서 무슨 큰 책임이 있겠나 싶겠지만 실제론 문제가 복잡하다. 교도소 안의 3대 사고로 치는 것이 도주·화재·자살인 점을 봐도 자살은 매우 중대한 사안이다. 따라서 교도관들은 법적 책임문제가 아니더라도, 인간생명의 고귀함과 유가족의 심적 고통을 생각하지 않을 수 없으므로 자살방지에 항상 신경을 곤두세운다.
이 점을 누구보다 잘 아는 원종이기에 자살하겠다는 말을 협박 1호로 삼은 것이다. 늘 사고를 저지르며 살다 보니 독방은 그의 안방이나 마찬가지였다. 징벌받을 때마다 한두 달씩 독방에 수용되는 그에겐 혼거실보다 오히려 독거실이 편하게 느껴질 정도였다.
그날도 원종이는 독방에서 고성을 내지르며 담당근무자를 귀찮게 하고 있었다. 직원은 그와 상대하기 싫어 그의 방 근처에 오기를 꺼렸고, 그만큼 원종이는 더욱 바락바락 악을 써댔다.

"보소! 담당님요. 빨리 내 부탁 안 들어주면 정말 죽어버리고 말 꺼요."

근무자는 속으로 피식 웃었다.

'저 녀석은 툭하면 죽는다고 공갈이나 칠 줄 알지 정말 죽을 놈은 아니야.'

대수롭잖게 생각하며 무시해버리는 직원.

한참 악을 쓰던 녀석이 결국 모험을 감행하고 말았다.

러닝셔츠를 길게 잘라서 목에 걸 올가미를 만들고, 설거지용 플라스틱 물통을 엎어놓고 올라가서 철창문 윗부분에 끈을 건 후 자기 목에 올가미를 맸다. 그리곤 운동시간에 밖에서 용케 주워온 작은 거울조각을 쇠창살 밖으로 내밀어 근무자가 가까이 오는지 살폈다(담당직원은 24시간을 30분 간격으로 모든 감방을 순시하며 재소자들의 이상 유무를 확인한다).

근무자가 한 방 한 방 들여다보며 다가오는 것을 유리조각을 통해 보고 있던 원종이는 드디어 교도관이 바로 자기 앞방에 도착한 것을 확인하곤 발밑에 있는 물통을 힘껏 걷어찼다. 허공에 매달린 순간까지도 그는 '2, 3초 후엔 근무자가 나를 발견하고 즉각 문을 열어 목에 걸린 줄을 풀어주겠지? 그리고 인공호흡을 하며 난리 칠 거야'라고 확신했다.

그러나 숨이 컥 막히고 정신이 몽롱해지기 시작하도록 근무자의 고함소리는 물론 자신을 구출하려는 낌새조차 없었다. 나중에 알고 보니, 직원은 원종이 방 바로 앞까지 왔다가 그가 꼴도 보기 싫어 돌아서서 오던 길로 가버린 것이다.

기다리던 근무자의 인기척이 없자 그는 바짝 겁이 났다.

요행히 양손으로 목 위의 줄을 잡아 타잔처럼 매달리면서 목의 압박을 느슨하게 하곤, 젖 먹던 힘까지 내어 소리 지르기 시작했다.

"담당님요! 담당님요! 빨리 와보소! 빨리빨리! 커억… 컥."

놀라서 달려온 근무자의 눈에 원종이의 기막힌 모습이 들어왔다. 손으로 목 위의 줄을 움켜잡고는 허공에 매달려 미친 듯 고함지르는 그 모습은 차라리 한 편의 코미디에 가까웠다.

담당자는 웃을 여유도 없이 감방 안으로 뛰어들어가 끈을 끊고 그를 바닥에 내려놓았다. 목에 깊이 감긴 줄을 끌러주고 응급 인공호흡을 시키자 겨우 정신을 차린 원종이가 담당근무자를 올려다보며 내뱉은 첫마디.

"휴우~, 진짜로 죽을 뻔했네."

그렇게 속을 썩이던 그도 끝내는 예수님을 영접하고 신앙생활을 시작했는데, 안타깝게도 인격의 변화가 따르지 않아 늘 울퉁불퉁한 삶의 연속이었다. 그래도 하나님을 믿는다는 한 가지 사실에 소망을 두고 언젠가는 성령님께서 그의 인격을 감화시키실 날이 꼭 오리라 믿는다.

출소한 지 오래돼 이제는 그도 중년을 훨씬 넘어섰지만 그다지 형편이 나아진 것 같진 않다. 성남 외곽에서 조그만 가게를 얻어 나름대로 생활은 해나간다고 하지만, 아직 속 시원한 소식보단 위태위태한 이야기가 더 많이 전해져 걱정스럽다. 그나마 교회에 발을 끊지 않고 있어서 다행이다. 잊어버릴 만하면 한 번씩 전화가 온다.

"장로님요, 아직도 소망교도소에 근무하고 있능교? 거기는 정년도 없나 보죠? 하기사 장로님은 담장 속 체질이니까 평생 거기서 산들 누가 뭐라겠어요?"

느물대는 그의 어투는 "진짜로 죽은 뻔했네!"라던 그때나 다름없이 우습고 귀엽기까지 하다.

주님! 이 세상의 어떤 죄인도 용서하시고 자녀로 삼으시는 그 능력으로 원종이가 하나님의 영광을 보고 구원받을 수 있도록 믿음 주시길 간구합니다.

청송 땅을 향해 바람이 분다.

사회보호법이 폐지되면서 청송감호소는 문을 닫았지만, 교도소는 여전히 숱한 아픔을 간직한 재소자들을 수용한 채 높은 담장의 무게를 땅 위에 드리우고 있다.

형제들아, 보고 싶대이! 사랑한대이!

아무리 꼴통이라도, 흉악범이라도 인제는 느그들을 참말로 사랑한대이. 감방 속에서 부르는 찬송소리가 듣고 싶구나. 목에 굵은 핏줄이 불거지도록 간절히 기도하던 모습이 그립구나. 몸은 비록 억센 철창 속에 갇혀 있어도 영혼은 한없이 자유로운 내 형제들아!

진리를 알지니 진리가 너희를 자유롭게 하리라 _요한복음 8:32

사형장에 열린 문

 1991년 11월, 청송 땅에 뼈를 묻어야겠다는 내 결심은 여전했지만 전혀 뜻밖에도 서울구치소로 전근발령이 났다(이에 얽힌 극적인 이야기는 2권 〈하나님은 아무도 포기하지 않는다〉에 밝혀두었다).
 섭섭해하시는 교회 목사님과 교우들, 삶과 사랑을 나누었던 믿음의 동역자들과 헤어진다는 게 참으로 가슴 아팠다. 특히 하나님이 누군지조차 알지 못하다가 내가 만난 하나님을 전해 듣고 주님을 믿게 된 나의 태신자들, 자기 영혼을 돌보듯 나를 보살피고 이끌어주던 믿음의 선배들….
 그러나 하나님은 청송을 배경으로 한 놀라운 구원 드라마의 1막을 내리시고, 선하신 뜻 안에서 서울구치소로 무대를 옮겨 새로운 장을 열어주셨다. 나는 설레는 마음으로 하나님이 주시는 신호를 따라 움직였다. 그분은 늘 놀라운 기적의 원천이자 신실하신 응답의 근원이셨기에!

시골에서 오랫동안 생활하다가 '교정1번지'로 불리는 서울구치소로 옮긴 후 내게 주어진 업무는 부 당직계장이었다. 소내의 모든 사항을 종합해 통제·보고하는 것이 당직계장의 주 업무였지만, 부 당직은 말 그대로 당직계장을 보조하는 위치이므로 업무상 부담이나 책임도 덜했고, 무엇보다 구내순찰에 중점을 두어서 수용자들을 만나고 상담할 기회가 많았다.

3천 명이 넘는 사람이 수용된 곳.

15척 높이의 담장 속엔 세상 사람들이 흔히 '죄수, 도둑놈, 흉악범'이라 부르는 자들의 한이 짙게 드리워져 있다. 어떤 죄를 짓고 들어오더라도 변명과 핑계는 있기 마련. 그래서 이곳엔 '재수 없이 붙잡힌 사람, 억울하게 들어온 사람, 자신보다 나라와 민족을 위하다 보니 오게 된 사람들'만 산다. 죄 없이 들어왔다고 줄기차게 항변하는 사람들이 쉴 새 없이 떠들고 자기 이익에만 촉각을 곤두세우며 살아가는 곳이다. 그들을 볼 때마다 '구치소는 사회의 축소판'이라는 사실을 새삼 실감하곤 한다.

구치소 이곳저곳을 돌아다니다 보면 가슴에 붉은 명찰을 달고 다니는 이들을 만나게 된다.

이름하여 사형수!

일반 재소자나 직원들이 맞대놓고 '사형수'라 부르기 곤란하여 '최고수'라고 부르는 사람들이다. 말 그대로 최고형을 선고받은 죄수란 뜻인데, 그들과 스치기만 해도 뭔가 비릿한 피냄새가 풍긴다. 코로 맡아지는 냄새라기보다 영적으로 와닿는 기운이다.

나는 이들을 접할 때마다 눈인사를 나누거나 슬쩍 웃음을 던지며 얼굴을 익히기 시작했다. 당시 약 40여 명의 최고수가 있었는데 틈틈이 그들의 신분기록을 읽으며 신상을 파악했다.

17명이 기독교 신자로 등록돼 있었고, 나머지도 각각 종교를 갖고 있었다. 우선 기독교인들부터 만나보기로 마음먹고 한 사람씩 접근해 들어갔다.

_ 니 죽을 준비 됐나?

제일 먼저 내 눈에 띈 사람은 두영이었다.

그는 사형수들 사이에서 상당한 영향력을 발휘하는 거물이었고, 저지른 범죄 또한 끔찍하기 짝이 없어 자연히 그에게 제일 먼저 마음이 끌렸다.

1991년 12월 초순, 조그만 사무실 안에서 그와 첫 대면을 했다. 다부진 어깨, 일자로 연결된 짙은 눈썹에 안짱다리 걸음으로 들어온 그가 내 앞 소파에 앉았다. 내가 먼저 손을 내밀며 말을 건넸다.

"인사하자. 나는 박효진 계장이야. 이번에 새로 왔어."

경계심 번득이는 눈빛으로 그가 나를 훑어보는데 찌릿한 전류가 온몸에 흘렀다. 그는 느릿느릿 손을 내밀어 내 손을 꽉 움켜쥐었다. 그 손에 필요 이상의 힘이 느껴졌다. 기선을 제압하겠다는 의도였을 것이다.

"안녕하십니까? 나는 두영입니다. 잘 부탁드립니다."

언어는 공손했으나 말투와 태도엔 잔뜩 털을 곤두세운 고슴도치 같은 저항감이 선명히 드러났다.

"나는 청송감호소에서 근무하다 이리로 왔는데…."

일단 말은 꺼냈지만 대화의 초점을 맞추고 마음문을 열기가 보통 힘든 게 아니었다. 시큰둥한 표정으로 나를 바라보는 그의 눈동자와 마주치는 순간들이 어찌나 썰렁한지 진땀마저 났다.

내가 경험한 하나님의 사랑과 예수님을 믿게 된 과정을 전했으나 그는 씨도 안 먹히는 표정을 지으며 건성으로 앉아 있었다. 이래선 안 되겠다 싶어 차라리 단도직입적으로 정곡을 찌르는 게 옳겠다는 결심을 굳히고 불쑥 질문을 던졌다.

"니 죽을 준비는 됐나?"

순간 그의 얼굴이 굳어졌다. 사형수들이 가장 듣기 싫어하는 말이 '죽음'이라는 것을 잘 알지만, 아니나 다를까 그러잖아도 말수 적은 그의 입술이 더 야무지게 닫혀버렸다.

같은 방에 사는 재소자들도 가능한 한 이들 앞에선 죽음과 관련된 단어를 삼갈 정도로 예민한데, 상담하던 내 입에서 가장 재수없는 금기어가 튀어나왔으니 그런 반응은 당연했다.

말도 하기 싫을 정도로 기분 나쁘니 그만 돌아가게 해달라는 표정이 역력했다. 아예 눈을 밑으로 내리깔고 무슨 말을 해도 시큰둥할 뿐이었다.

"봐라, 두영아. 니가 예수 믿는 사람이 아니믄 내가 니 기분 나쁜 소릴 하겠나? 그라고 솔직히 말해서 니만 사형수가? 나도 사형수고 다른 사람들도 죄다 하나님 앞에는 날 받아놓은 사형수라. 따지고 보믄 죽을 준비는 누구나 해야 하는 기라."

그래도 그는 묵묵부답.
오히려 배알이 더 뒤틀린다는 표정이다.
더 이상의 상담은 불가능해 보였다. 나는 이쯤에서 일단 물러났다가 며칠 후 새로운 기분으로 다시 만날 생각으로 일차 만남을 정리하려고 했다. 그런데 일어서려는 순간 '그래도 예수 믿는 사람들끼리 기도라도 하고 헤어져야 할 게 아닌가?' 하는 생각이 들었다.

"두영아, 오늘은 이걸로 마치고 다음에 또 만나기로 하재이. 우리 기도 한번 할까?"

내키지 않는 모습으로 그가 두 손을 내밀었다. 소파에 마주 앉아 두꺼비 같은 그의 손을 잡고 눈을 꼭 감은 채 기도를 시작했다. 분위기로 보아 어차피 일상적이고 형식적일 수밖에 없는 기도였다.

"하나님 아버지, 감사합니다. 우리 두영이 형제를 사랑하셔서 충만한 은혜를 주시고…."

한참 기도하는데 기분이 묘했다. 아무리 형식적인 기도라 해도 뭔가 느껴지는 영감이 있는 법인데, 이건 숫제 바윗덩이를 앞에 두고 있는 듯 삭막했다. 더 나아가 구렁이가 스멀스멀 등을 기어가는 듯한 불쾌감에 입으론 기도를 중얼거리면서도 머리는 딴 곳을 헤맸다.

'참 희한하대이. 우째 이럴꼬?'

도저히 참을 수 없어 살짝 눈을 뜨고 두영이를 바라보았다. 그런데 바로 그 순간 두영이의 말똥말똥한 눈과 내 눈이 마주치고 말았으니!

나는 열심히 기도하는데 그는 눈을 뜨고 내 기도하는 모습을 감상(?)하고 있었던 모양이다. 그것도 모르고 살그머니 눈을 떴다가 들키고 나니 이런 낭패가 없었다. 정말 창피했다. 주일학교 아이들에게 "여러분! 기도하다가 눈뜨지 마세요"라고 늘 가르치던 내가 아닌가.

조금 전까지 침을 튀겨가며 살아계신 하나님의 위대함을 증거하고 죽을 준비 됐냐고 단호히 묻던 내가 아닌가.

두영이와 눈이 마주친 순간 나는 얼른 다시 눈을 감았지만 극심한 당혹감에 언어체계가 다 흐트러지고 말았다. 마냥 횡설수설했다. 차라리 자리를 박차고 뛰어나가고 싶었다. 앞에 앉은 두영이 보기에 얼굴이 화끈거려 견딜 수 없었다.

청송감호소에서 일어났던 사건들이 머릿속에 떠오른 건 그때였다. 영호와 사무실 바닥에 꿇어앉아 기도하던 중에 임하셨던 성령님! 그분은 영혼을 구원하는 대역사를 이루실 때마다 늘 무릎꿇음을 요구하셨고, 또 그 순종에 합당한 결과를 허락하셨다. 주님은 과학과 이성이 지배하는 오만한 시대에 겸손하게 무릎 꿇는 사람을 찾으신다는 것을 청송감호소에서 생생히 배우지 않았던가.

그렇다! 무릎을 꿇자. 무릎 꿇고 기도하자.

나는 다시 실눈을 뜨고 꿇어앉을 자리를 찾았다.

그런데, 이런!

그날따라 청소하는 재소자가 물을 얼마나 잔뜩 뿌려 놓았는지 바닥이 흥건하게 젖었고, 설상가상으로 살얼음까지 끼어 있었다. '차마 저 물바닥엔 못 앉겠다'는 생각도 설핏 들었으나, 일단 꿇어앉고 보는 게 상책이었다. 이 당혹스런 상황을 벗어나는 유일한 길을 그것뿐이었다.

나는 얼른 소파에서 일어나 바닥에 무릎을 꿇었다.

오싹하는 냉기가 무릎을 통해 척추까지 전해져 왔다. 그러나 차갑다는 느낌은 잠시뿐, 곧 말로 표현할 수 없는 평안과 기쁨이 내 영혼을 감싸오기 시작했다. 청송 땅에서 맛본 하나님의 은혜가 이곳에도 변함없이 함께하심을 다시 한번 깨닫는 순간이었다.

내 앞에 멀뚱멀뚱 앉아 있는 두영이가 갑자기 견딜 수 없이 측은해지면서 뜨거운 눈물이 쏟아지기 시작했다. 속에서부터 치솟는 연민의 정으로 나는 하나님께 간절히 기도했다.

"오, 구원의 하나님! 우리 두영이를 불쌍히 여겨주십시오."

얼음물 바닥에 무릎을 꿇은 채 하염없이 울면서 나는 두영이의 두 손을 으스러지라 붙잡고 기도했다. 이미 내 의지나 생각을 초월해 역사하시는 성령님의 큰 힘이 나를 사로잡고 계셨다.

앞 소파에 앉아 돌변한 상황에 멈칫거리던 두영이가 잠시 후 무엇에 붙잡힌 듯 스르르 미끄러지면서 질퍽거리는 바닥에 무릎을 꿇더니 내 목을 끌어안았다. 어느새 그도 울고 있었다.

"계장님, 저도 죽을 준비해야 하는 건 잘 알고 있어요, 흑흑…. 하지만 죽는 게 겁났어요. 죽음은 생각도 하기 싫었어요. 흐흐흑…."

난 뭐라고 대답해야 할지 몰라 그저 그의 등만 토닥였다.

"…계장님, 죽는다는 게 너무 무서워서 오히려 그런 생각조차 않으려고 의도적으로 피해왔지만, 이젠 알겠어요. 엉엉엉… 이젠 정말 알겠어요."

나는 품에 그를 꼬옥 껴안은 채 주님의 사랑에 얼마나 감사했는지!

그날 이후 두영이는 하루가 다르게 변해갔다.

성경 읽고 기도하고 찬송하는 것이 일상이 됐다. 특히 '하늘가는 밝은 길이'를 애창했는데, 눈을 지그시 감고 노래하는 그의 모습을 바라보노라면 형언할 수 없는 감동이 전해지곤 했다. 주님께서 미리 예비하신 은혜를 쏟아부으신다는 느낌이 들 정도로 그는 하루가 다르게 믿음의 사람이 돼갔다.

어디를 가든 그는 늘 성경을 가슴에 안고 다녔다. 그러다가 마주치는 후배들을 향해 한쪽 손을 높이 들고 "야! 너도 죽을 준비해!" 하고 외치면 상대방 사형수는 화들짝 놀라곤 했다.

"형님요, 미쳤능교? 재수 없게 무슨 말을 그리 하요?"

"아니야. 죽을 준비해야지! 정말로 잘 죽을 준비하고 살아야 해!"

이처럼 돌변한 두영이를 우리는 '최고수 전도사'라 불렀다. 그는 내 진정한 믿음의 형제였다.

나는 두영이의 일로 힘을 얻어 목사님들을 초빙해서 '사형수 성경 공부반'을 만들 계획을 세우고, 더욱 부지런히 돌아다니며 사형수 형제들을 만났다. 참으로 세상에서 가장 보람차고 신나는 일이 아닐 수 없었다!

그해가 저물어가던 12월 어느 날.

야간근무 중에 갑자기 분위기가 어수선해지는 듯했다. 심야에 소장과 보안과장, 그리고 전기기사를 비롯한 여러 사람이 비상소집돼 들어오고 있었다. 알고 보니 내일 아침에 사형집행이 있다는 것이다.

원래 사형집행은 사형이 확정된 날로부터 6개월 안에 해야 한다는 규정이 있지만 그대로 지켜지진 않는다. 사형은 법무부 장관의 명령에 따라 집행되는데, 어떤 장관은 임기 중에 사람을 죽이라는 명령서에 서명하기가 싫어 차일피일 미루다가 다음 장관에게 넘기고, 계속 또 다음 후임자에게 미루다 보면 수년간 집행 없이 지나가곤 한다.

사회적으로 특정 범죄가 국민생활에 위협이 되는 경우 경종을 울리기 위해 비슷한 죄목의 사형수들을 집행하기도 한다. 예를 들어 유괴가 극성을 부리면 자연히 유괴살인 사형수가 초조감에 사로잡힌다.

인간은 영적 존재라 사형집행이 있기 며칠 전부터 사형수들은 왠지 불안해하는 모습이 역력해진다. 밥맛을 잃거나 갑자기 신경이 날카로워져서 방 사람들을 이유 없이 괴롭히기도 한다.

국가조직이 생긴 이래로 사회질서 확립을 위해 시작된 사형제도는 나라마다 그 유형이 다르다. 아프리카 · 러시아 · 칠레 등에선 총살형을 집행하고, 우리나라에서도 군인은 명예형이라 불리는 총살형을 시행한다.

전기살과 가스살은 미국 일부 지역에서 집행되는데, 가스살을 채용하는 곳이 늘고 있다고 한다. 교수형은 우리나라를 비롯한 세계 각국에서 널리 채택하고 있는 사형법이다. 사형제도의 존폐에 대한 찬반양론은 오래전부터 첨예하게 대립하나 여전히 결론이 나지 않은 채 남아 있다.

그러나 2017년 현재 유럽연합은 이미 사형집행을 원천적으로 금지하고 있으며, 북남미 35개국 중에서 2000년 이후 사형이 집행된 나라는 미국 · 쿠바 · 과테말라 등 5, 6개국 밖에 없을 정도로 그 숫자가 줄어든다. 반면 아시아에선 몽골 · 네팔 · 필리핀 · 싱가포르 등 여러 나라에서 여전히 사형집행을 시행하고 있다.

우리나라는 1997년 이후부터 집행이 한 번도 이루어지지 않아 현재 약 60여 명의 사형수가 적체돼 이들의 수용관리에 어려움을 겪는 실정이다.

그런데 그 사형의 실제상황이 집행명령서로 내 앞에 던져진 것이다. '이 밤이 지나고 내일 아침이 되면 말로만 듣던 사형이 집행되는구나' 생각하니 마음이 산란했다. 대외비로 분류된 집행대상자 명단을 확인하던 내 눈이 맨 앞줄에서 멈췄다.

유두영!

심장이 얼어붙는 듯했다. 그와 처음 만나 물바닥에 무릎꿇고 기도하던 모습부터, 그동안 주고받았던 수많은 대화가 순식간에 머리를 스치고 지나갔다. 나도 모르게 두 손을 모으고 하나님을 불렀다. 두영이를 사랑하셔서 마른 막대기 같은 나를 먼 청송 땅에서 불러내어 그의 죽음을 준비하게 하신 은혜를 생각하니 가슴이 떨려왔다.

마침내 어수선한 밤이 지나고 아침이 밝았다.

우리 부서 직원들은 서둘러 교대준비를 하고 퇴근을 기다리고 있었다.

"역시 우리는 장로 계장님을 잘 만나서 복 받았어. 이 징그러운 사형집행날을 피하는 거 봐."

사형집행을 담당할 직원은 당일 근무자 중에서 선발하기에 어젯밤 야근하여 오늘 비번인 직원들은 자동 면제된다. 우리 부서가 좋아하는 건 그 때문이었다. 물론 사형집행에 여러 번 차출돼 거의 고정적으로 집행에 임하는 직원도 있지만, 대부분은 이 일에 선뜻 마음이 내키지 않는 게 사실이다. 사형장과 관련된 음산한 뒷이야기들도 듣는 이의 몸을 움츠러들게 한다.

"어느 때 어떤 직원은 사형수 아무개를 집행하고 돌아가다가 변을 당했대."

"아무 해 누구를 집행하고 난 뒤부터 그 집에 우환이 그칠 날 없단다."

한참 후 신우회 직원들이 모두 모여 잠시 의논했다.

오늘만큼은 우리가 자원해서 사형장 근무를 하는 게 어떻겠냐는 제의가 나왔다. 법에 따라 일방적으로 사형이 집행되는 사형장에서 짧은 일생을 타의에 의해 목매어 끝내야 하는 사형수들의 공포는 이루 말할 수 없다. 신앙 말고 무엇으로 그 고통을 덜어줄 수 있겠느냐는 것이 공통된 의견이었다. 보안과장을 찾아가서 나를 포함한 열댓 명의 지원자가 있다고 보고하니 뛸 듯이 기뻐했다.

"그러잖아도 간부를 비롯한 직원들이 부족해서 애를 먹던 중인데 참 잘 됐군!"

"과장님, 그런데 한 가지 조건이 있십니더."

"그게 뭔가?"

"우리는 예수 믿는 사람들 아닙니꺼? 사형수들 목에 밧줄 매는 일은 할 수 없고, 스위치 눌러서 지하실로 떨어뜨리는 일도 도저히 못합니더."

"아니, 사형장에서 그거 안 하면 할 게 뭐가 있어?"

순간적으로 대답할 말이 궁해졌다. 말이야 맞는 말이지, 사형장에서 그일 아니면 달리 할 게 뭐 있나? 그러나 잠시 후 우리가 할 일이 선명히 떠올랐다.

"과장님, 마지막까지 예배드려주고 기도해주고…."

불신자인 과장의 표정이 썩 탐탁지 못하다. 별난 예수쟁이들로 여기는 속내가 역력했다.

"그라고 과장님요, 집행 후 시신수습을 우리가 하믄 되지 않겠심니꺼?"

과장의 눈이 번쩍 뜨이는 듯했다.

원한에 사로잡힌 사형수의 시신을 만지기만 해도 그 원귀에 덮어씐다는 속설이 있어서, 교도관들은 시신 가까이 가는 것을 꺼릴 뿐 아니라 시신처리는 가장 징역형을 오래 사는 무기수를 동원해 하곤 한다. 그 일을 우리 신우회원들이 하겠다고 나서자 과장의 표정이 환해졌다.

그렇게 하여 신우회원들은 다소 떨리는 마음으로 그날 사형집행에 자발적으로 참여하게 됐다. 우리가 전혀 예측할 수 없는 하나님의 대역사가 준비돼 있는 것도 모른 채.

부채꼴 모양으로 지어진 사형장.

말로만 듣던 그곳에 첫발을 내딛는 순간의 느낌은 이루 표현할 수 없다. 현대식 건물로 말끔하게 지어졌으나 사형장은 사형장일 뿐.

전면엔 약간 높은 단의 지휘부가 있고, 그 앞으론 목재 칸막이가 이편과 저편을 구분한다. 죽음을 명령하는 곳과 받아들여야 하는 곳이 겨우 야트막한 널빤지 한 장으로 갈라져 있음을 보며 삶과 죽음의 차이가 참 별것 아니라는 생각이 들었다.

그 칸막이 바로 뒤엔 사형수가 인생을 마감하고 죽음에 이르는 절차를 밟아야 하는 좌석이 마련돼 있다. 양반다리를 하고 앉으면 꽉 찰 정도로 작은 정사각형 자리 밑엔 쇠바퀴가 달려 있고, 뒤편 밧줄 밑까지 레일이 깔려 있다. 사형수는 마지막으로 이 레일을 통해 마치 기차를 타고 가듯 이동하게 되는 것이다.

먼저 간 수많은 사형수들의 죽음으로 반질반질하게 윤이 나는 굵은 밧줄은 보기에도 섬뜩하다.

밧줄 바로 밑, 사형수가 이 땅에서 마지막으로 잠깐 머무는 그곳은 여닫이식 널빤지로 닫혀 있다. 집행지휘부의 신호에 따라 벽 뒤에서 직원이 스위치를 누르는 순간, 널빤지가 덜커덩 열리고 사형수는 밧줄에 목이 맨 채 어두운 지하실로 떨어지다가 허공에 매달려 목숨을 잃는 것이다.

신우회원 열댓 명이 그 밧줄을 중심으로 둘러서서 마음을 모아 기도드렸다.

"하나님, 우리도 두렵습니다. 오늘 이곳에서 집행당하는 형제자매들의 마음은 얼마나 더 고통스러울까요? 우리 모두에게 힘을 주십시오. 죽음을 이기는 믿음을 허락해주십시오."

사랑하는 사람들이 이 땅을 떠나는 모습을 지켜봐야 하는 우리의 마음은 비감할 수밖에 없었다.

사형장으로 끌려오는 사형수들의 모습은 천태만상이다.

그들을 데리러 가는 직원들이 '면회 · 상담 · 운동'이라며 거짓으로 불러내지만, 대부분 자기 최후가 다가온 것을 직감한다. 어떤 사형수는 "난 안가! 죽기 싫어!" 하고 울부짖으며 철창을 부여잡고 발버둥치기도 한다.

그렇다고 그냥 둘 수는 없는 일.

돌발적인 상황을 대비해 무술유단자로 편성된 동행 직원들이 완력으로라도 그 손을 비틀어 양손에 수갑을 채우고 끌고 와서 법에 따라 집행해야 한다.

어떤 사형수는 감방에서부터 긴 복도를 거쳐 사형장 밑 지하실을 통과한 후 다시 계단을 올라 사형장까지 이르는 먼 길을, 하늘 한 번 쳐다보고 땅 한 번 내려다보고를 수없이 반복하며 오기도 한다.

양팔을 붙잡힌 채 긴 죽음의 길을 걸어오는 동안 눈물을 뚝뚝 흘리며 하염없이 어머니를 부르는 이도 있다.

"어머니! 엄마…!!"

그 외침은 듣는 이의 가슴을 쥐어뜯는다.

한 발 한 발 걸을 때마다 사형장 밧줄 밑에 더 가까워지기에, 엉덩이를 뒤로 뺀 채 아기 걸음마 같은 보폭으로 발을 떼어놓는 모습은 차마 눈 뜨고 볼 수 없다.

이런저런 이야기들을 많이 들어온 우리는 최후의 복음전도에 초점을 맞추었다. 나는 사형장 현장에서 중간감독자로 근무 명을 받아 자리를 떠날 수 없었기에, 기독신우회원 중에서도 가장 믿음이 좋은 집사님 서너 분을 선발해 사형수 형제들을 데려오는 일을 맡겼다.

"집사님들요, 형장까지 오는 길에 잠시도 쉬지 말고 기도해주고 찬송 불러주고 복음을 전해야 합니다. 쪼금만 그냥 둬도 공포에 사로잡혀서 마귀밥이 되고 마니, 한 발자국 뗄 때마다 사형수 귀에다 대고 할렐루야를 크게 외쳐주이소."

집사님들도 이런 경험은 처음이라 긴장하는 표정들이 역력했다. 사형장에서 지하로 통하는 계단을 내려가는 그들의 뒷모습을 찬찬히 바라보았다. '지금은 우리 직원들만 저 계단을 내려가지만, 잠시 후면 두영이가 함께 올라와서 밧줄에 목이 매이겠구나' 하는 생각이 들자 갑자기 속에서 뜨거운 아픔이 치밀어 올랐다.

첫 사형수로 두영이가 나타날 시간이 임박하자 사형장 안엔 점점 긴박감이 감돌았다. 지하실로 떨어지는 널빤지의 작동시험이 반복 시행됐는데, 적막한 사형장에 꽈당! 꽈당! 울리는 죽음의 신호음은 듣는 이의 심장마저 얼어붙게 했다.

신우회원 일행이 두영이를 데리러 간 지 20여 분이 지났다.

저벅 저벅 저벅….

드디어 대여섯 명이 내딛는 발자국 소리가 지하실 계단을 타고 들려왔다.

"할렐루야! 할렐루야! 할렐루야!"

'하나님을 찬양하라'는 뜻의 할렐루야 소리가 아래로부터 들려왔다. 그 순간 참았던 뜨거움이 기어코 눈물이 되어 흘러내렸다.

'하나님, 이 무서운 사형장에서 저렇게 찬양의 소리가 우렁차게 들린 적이 일찍이 있었습니까? 하나님! 오늘 저희에게 힘을 주십시오.'

계단을 다 올라와 사형장 문을 들어서는 일행을 힐끗 바라보던 나는 의외의 광경에 어리둥절했다. 양옆에서 두영이의 팔짱을 끼고 함께 오는 교도관 집사님들의 얼굴은 마치 사형수인 양 얼어붙었고 입술도 꽉 다문 채 경직돼 있었다.

지금까지 들렸던 "할렐루야"는 곧 죽을 사형수가 외친 소리였다. 두영이는 복도에 줄지어 선 직원들 한 사람 한 사람과 마주칠 때마다 할렐루야로 인사하며 걸어오고 있었다. 나는 생각했다.

'아! 두영이가 겁이 나는 모양이다. 그래서 죽음의 공포를 이겨보려고 저렇게 몸부림을 치나 보다.'

생각이 여기에 미치자 더욱 그가 불쌍해졌다.

남의 손에 죽는 게 얼마나 힘들까?

차마 얼굴을 바로 쳐다볼 수 없었다.

어느새 내 앞까지 걸어온 그의 가슴과 발끝만 눈을 내리깐 채 간신히 내려다보며 서러움을 달랠 뿐이었다. 그가 신고 있는 운동화는 그날따라 왜 그리 눈부시도록 새하얗게 빛나던지.

두영이가 먼저 손을 내밀었다.

나는 서둘러 그 손을 맞잡았다.

무슨 말을 하긴 해야겠는데 막상 할 말이 떠오르지 않았다. 생떼 같은 생명 하나가 지금 내 눈앞에서 사라지려는 판에 무슨 말을 할 수 있으랴!

"두영아, 잘 가. 먼저… 가."

더듬거리며 내가 말했다.

"예, 장로님! 저 먼저 갑니다. 천국에서 만납시다!"

깜짝 놀랐다. 그 목소리가 얼마나 힘이 있던지!

아래만 내려다보고 있던 나는 그제야 눈을 들어 두영이를 똑바로 쳐다보았다.

오, 주님! 그의 얼굴이 어쩌면 이렇게 변할 수 있을까요?

마주 선 순간 나는 그의 전신에서 풍기는 강한 영적 기운에 흠칫 뒤로 물러서고 말았다. 이미 이 땅의 사람이 아닌 것처럼 밝디밝은 얼굴과 온몸에서 뿜어나오는 신비로운 분위기. 돌에 맞아 순교하기 직전 스데반 집사님의 얼굴이 천사같이 빛났다는 성경말씀이 지금 내 눈앞에서 재현되는 듯했다. 잠시 후면 밧줄에 목이 매여 죽어야 하는 자기 처지를 누구보다 잘 알 텐데도 저토록 평안하고 확신에 찬 모습을 유지할 수 있다니!

고개를 돌려 길게 드리워진 밧줄을 흘낏 쳐다보는 그의 표정에 전혀 요동이 없었다. 옆에서 인도하는 직원의 손길을 따라 사형장 중앙으로 조용히 걸어가 자리에 앉을 때도 한 치의 흐트러짐이 없었다. 잠깐 눈을 감고 묵도를 마친 두영이를 향해 소장이 먼저 집행선고를 했다.

"오늘 법무부 장관의 명령에 따라 유두영 씨의 사형을 집행합니다."

다소 떨리는 듯한 소장의 음성이 사형장의 적막을 깨뜨렸다. 두영이의 반응이 궁금했는지 모든 사람의 눈이 일제히 그를 향했다. 그는 앉은 자세 그대로 소장을 응시하며 "네"라고 담담히 화답했다. 뒤이어 인정신문이 시작됐다.

"유두영 씨가 맞습니까?"

"그렇습니다."

"생년월일을 말해보세요."

"19○○년 ○월 ○일생입니다."

사형수 본인이 틀림없는지를 확인하는 문답이 이어진 후 소장이 두영이의 범죄내용을 낭독하기 시작했다.

"사형수 유두영은 수원시 ○○구 …에서 피해자 ○○○를…."

그가 저질렀던 끔찍한 죄상을 요약해 읽어나가려는 순간, 조용히 앉아 있던 두영이가 수갑 찬 두 손을 불쑥 치켜들었다.

"소장님, 부탁이 있습니다."

사형수의 갑작스러운 발언에 놀란 표정들.

"지금 읽으시는 그 죄를 제가 다 지었습니다. 인정합니다…."

지휘부와 직원들은 그가 무슨 말을 하려는가 싶어 멀뚱멀뚱 바라보았다. 두영이는 단아한 자세를 흩트리지 않고 차근차근 말을 이었다.

"…그러나 그 죄는 제가 하나님을 모를 때 지었습니다. 제가 하나님을 조금만 더 일찍 알았더라면 절대 그런 죄를 짓지도 않았을 것이고, 오늘 이처럼 사형장의 이슬로 사라지지도 않을 겁니다. 그러나 저는 늦게나마 하나님을 믿었고 그분은 제 죄를 다 용서해주셨습니다. 물론 제 손에 돌아가신 억울한 피해자와 유족들에겐 씻지 못할 죄를 지었지만, 우리 하나님은 제 모든 죄를 심지어 기억도 하지 않겠다고 약속하셨습니다…."

사형장 안이 숙연해졌다.

"…이제 예수님을 믿고 살다가 아버지나라로 가게 됐는데, 하나님이 다 용서하시고 기억도 하지 않으시는 그 더러운 죄를 다시 듣기 싫습니다. 용서받은 깨끗한 몸과 영혼 그대로 천국에 갈 수 있도록 제발 그 부끄러운 죄를 읽지 말아주시면 좋겠습니다."

공손하면서도 당당한 그의 말에 소장이 감동한 모양이었다. 자기 눈앞에서 일어나는 이 놀라운 모습에 충격을 받은 그의 두 눈에 순간적으로 물기가 비쳤다. 한참 고개를 들고 허공을 응시하던 소장이 이윽고 그렇게 하겠다며 서류를 접고 물었다.

"종교행사를 하겠습니까?"

"네, 예배를 드려야지요."

새벽에 연락을 받고 달려오신 목사님이 단상에서 사형장 바닥으로 내려와 사형수와 마주 섰다. 신우회원들도 모여와 두영이 주변에 빙 둘러서서 임종예배를 드리기 시작했다.

두영이가 요한복음 3장 16절을 암송하더니 목사님께 이 본문에 맞추어 설교해달라고 부탁했다. 목사님이 설교를 시작하자 그는 지극히 평온한 모습으로 말씀에 "아멘"으로 화답했다.

예배가 끝나고 마지막 인사를 나누는 시간이 됐다.

맞잡은 손과 손들 사이로 숱한 교감이 전해지고, 서로 격려하고 위로하는 시선들이 말없이 오갔다. 두영이의 기록을 검토하던 소장이 서류 한 장을 들고 질문했다.

"여기 안구기증서는 본인이 직접 작성한 것입니까?"

"네, 그렇습니다."

"유두영 씨는 여기에 자필로 서약했는데 지금도 그 결심에 변함없습니까?"

순간 두영이의 눈빛이 반짝 빛나더니 약간 상기된 얼굴로 소장을 향해 대답했다.

"소장님, 일깨워주셔서 정말 고맙습니다. 하늘나라에 가기 바빠서 깜빡 잊어버릴 뻔했네요. 원래는 안구를 기증하려고 했는데 지금은 마음이 변했습니다."

바로 옆에서 듣는 내 마음이 편치 않았다.

'아이고, 그냥 기증하고 갈 것이지 마음이 변하긴 와 변하노, 쯧쯧.'

다 된 밥에 코 빠뜨리는 격이 돼버리는 것 같아 안타까움을 금할 수 없었다. 그러나 그것은 성급한 기우였음이 곧 드러났다.

"처음엔 안구를 기증하려고 했으나 이젠 안구뿐 아니라 제 몸에서 쓸 수 있는 모든 장기를 필요한 사람들에게 드리겠습니다. 제 시체도

의과대학에 기증하니 해부실습용으로 사용해주시기 바랍니다."

'스스로 인간이기를 포기한 자이므로 인간이 사는 세상에 공존할 가치가 없어 극형을 선고한다'는 판결을 받은 사형수. 세상이 볼 때 벌레보다 못한 살인범의 이 아름다운 선포 앞에서 자칭 자유인이자 무죄하다는 우리는 오히려 부끄러움을 느껴야 했다. 태연한 얼굴로 서 있는 사람도 더러 있었지만 그들 역시 마음속에서 불붙는 양심의 가책을 느꼈으리라.

"유언을 남기겠습니까?"

눈자위가 더욱 붉어진 소장이 흐느끼는 듯한 음성으로 물었다.

"예, 유언하겠습니다."

모든 이의 관심이 두영이의 마지막 말에 집중됐다. 사형수의 마지막 유언은 녹음도 하고 기록을 남겨놓아 가능한 한 그 뜻을 존중한다. 침묵을 깨고 그가 입을 열었다. 과연 이 사형수가 무슨 말을 최후로 남길 것인가.

"소장님, 그리고 검사님. 제 마지막 부탁은 여기 계신 모든 분이 다 제가 믿는 예수님을 믿고 구원받으시는 것 하나뿐입니다."

모두의 표정이 충격으로 일렁였다.

집행시간이 됐다.

직원들이 두영이의 팔을 끼고 뒷걸음질 쳐서 밧줄 밑으로 데려갔다. 얼굴은 흰 두건으로 덮였고 발목과 무릎과 팔꿈치는 포승에 묶였다. 그리고 굵은 밧줄이 목에 걸렸다.

대부분의 직원은 아예 몸을 뒤로 돌려 사형수의 마지막 모습을 보지 않으려 했다. 사람이 허공에 매달려 덜렁대는 모습을 보고 나면 오랫동안 그 잔상이 눈앞에 어른거려 애를 먹기 때문이다.

그러나 믿음 안에서 이 자리에 같이한 신우회원들은 그럴 수 없었다. 두건 속의 그는 우리가 보이지 않겠지만 우리는 밧줄을 사이에 두고 빙 둘러서서 두영이의 임종을 지켜보고 있었다.

처음 맞는 이런 자리에서 무슨 말을 어떻게 해야 할까. 나는 그저 연거푸 눈물만 훔쳐냈다. 우리끼리 맞잡은 손에 흥건히 땀이 배어났다. 그때였다.

하늘가는 밝은 길이 내 앞에 있으니
슬픈 일을 많이 보고 늘 고생하여도…

나직하면서도 힘 있는 찬송가 소리가 사형장의 적막을 깨뜨렸다. 둘러선 직원들이 그 주인공을 확인하려고 주위를 살피며 서로의 입을 쳐다보았으나 노래하는 사람은 아무도 없었다.

하늘 영광 밝음이 어둔 그늘 헤치니…

두영이었다!

목에 밧줄을 달고 이제 곧 어두운 지하실로 떨어질 사형수가 찬송으로 신앙을 고백하고 있었다. 우리는 차마 따라 부를 엄두조차 내지 못한 채 우두커니 서 있었다. 그 순간 들려오는 굉음.

덜커덩!

끝났다.

찬송도, 두영이의 삶도!

휑하니 뚫린 구멍으로 12월의 차가운 바람과 지하실의 음산한 공기가 휘익 소용돌이치며 올라왔다. 조금 전까지 찬송하던 나의 형제는 목이 매달린 채 저 아래 어두운 곳에서 홀로 죽어가고 있다. 영혼은 하늘나라로 구원받아 갈지라도 육신의 생명이 끊어지는 것은 역시 힘겨운 일인가. 두영이의 손발은 심하게 경련을 일으키고 있었다.

두영아, 니 참 춥제?

아무도 없는 그 지하실에서 혼자 죽어가는 게 쓸쓸하제?

조금만 기다리래이. 내가 곧 내려갈게….

신우회원 몇 사람과 함께 지하실 계단을 뛰어 내려갔다.

생명은 거의 끊어졌지만 아직도 죽음의 고통이 남아 있는지 힘껏 모두어 쥔 양손이 잔뜩 오그라든 채 덜덜 떨리고 있었다. 나는 허공에 매달린 그의 손을 부여잡고 손가락을 하나하나 펴나갔다.

"두영아… 천국에 편하게 가거래이. 자, 손도 쭈욱 펴고…."

한 손가락을 쓰다듬어 펴면 다른 손가락이 오므라들고, 그 손가락을 펴면 앞의 손가락이 오그라들기를 몇 차례. 마침내 양손을 다 펴준 후, 나는 내 손바닥을 두건 속으로 집어넣어 아직 따스한 온기가 남은 그의 뺨을 어루만져보았다. 말랑말랑한 촉감이 여전히 살아있을 때와 같았다.

"두영아!"

그가 꼭 살아 있는 것만 같아 이름을 불러보는데, 생뚱맞게도 어릴 적 동생들과 골목길을 지나가며 "어디까지 왔니?" "전봇대 지나 왔지" 하고 놀던 생각이 났다.

두영아, 니는 어디까지 갔노?

은하수 지나고 있나?

천사들하고 같이 가나?

하늘나라 다 갔나…?

20여 분이 지나자 생물학적으로도 두영이의 사망이 확인됐다. 의사의 검진과 검사의 확인이 끝난 후 그의 목을 옭아맨 긴 밧줄이 내려지고 차디찬 시멘트 바닥 위에 시신이 뉘어졌다. 평소 그를 사랑했던 교도관 집사님 한 분이 북받치는 서러움을 참기 어려운 듯 털썩 주저앉더니 그를 끌어안고 통곡하기 시작했다.

"하나님, 이 세상 사람들은 두영이를 용서할 수 없어서 이렇게 목매달아 죽였지만, 주님께선 십자가 사랑으로 이 목에 걸린 사망의 밧줄을 풀어주시니 감사합니다!"

집사님은 그의 두건을 벗기고 그 뺨에 자기 뺨을 부비며 울부짖었다.

"하나님! 어디 두영이만 사형수겠습니까? 이 세상 사람이 모두 다 사형수 아닙니까? 이제 우리가 예수님의 이름으로 사람들의 목에서 이 죽음의 밧줄을 풀어내게 하소서."

그의 유언에 따라 시신은 미리 연락받고 대기 중이던 강남성모병원 의사들에게 인계됐다. 그는 그렇게 우리 곁을 떠나갔다.

그가 매달리고 뉘어 있던 어두컴컴한 사형장 지하실.

비록 목숨이 끊어진 그였지만 시신마저 떠나버린 후의 그 공간은 어찌나 을씨년스럽고 허전하던지. 나는 그제야 목놓아 두영이의 이름을 불러보았다.

"두영아! 두영아!"

애통해하는 내 영혼에 갑자기 아주 밝은 빛 한줄기가 꿰뚫고 들어왔다.

하나님, 제가 지금 무슨 생각을 하고 있습니까?

제가 이토록 믿음이 없었네요!

입으론 늘 예수 믿어 누리는 영생을 말해왔으면서, 구원의 소망과 기쁨을 외쳐왔으면서 지금 이 순간 저는 정말 바보 같은 생각에 빠져서 하나님의 영광을 조금도 바라보지 못하고 있군요.

두영이는 영광의 나라로 입성하는 하나님의 아들입니다!

모든 죄를 용서받고 당당히 천국 백성이 된 승리자입니다!

저는 이제 그를 위해 슬퍼하지 않겠습니다.

오히려 이 땅에 남은 우리의 죄로 인해 울며 간구하겠습니다.

하나님이 보시기에 과연 누가 죽은 자이며 누가 산 자일까?

두영이는 죽지 않았다.

그는 그야말로 멋지게 살아 있는 생명의 화신이다.

이 진리를 깨닫는 순간 나는 환호했다.

기쁨의 감격이 통곡의 눈물을 뒤덮고 넘쳐흘렀다!

_ 하나님의 아들로 살러 갑니다

두영이의 최후를 지켜본 신우회원 집사님들은 이제 힘이 나는 것 같았다. 생생한 믿음의 실체를 분명히 본 그들이 오히려 크게 감동한 것이다. 그러나 주님의 역사는 아직 끝난 게 아니었다.

두영이의 뒤를 이어 태호와 용수의 집행순서가 잇따랐다.

구로동에서 발생한 끔찍한 살인사건의 주범.

그러나 이젠 예수 그리스도를 구주로 고백하는 믿음의 청년들.

조금 전 두영이를 데리고 올 때완 달리 태호를 데려오면서는 신우회원 모두가 성령충만해, 복도에서 사형수와 함께 꿇어앉아 기도하고 하나님의 영광을 찬양했다. 그 모습을 지켜보던 다른 직원들은 도저히 이해되지 않는다는 듯 고개를 갸웃댔다.

사형장 계단을 올라오는 태호와 집사님들의 얼굴이 해같이 빛났다. 잘 생긴 태호. 대리석으로 빚어놓은 것처럼 단아하게 생긴 그를 부축하며 걸어오는 집사님들은 연신 "할렐루야"를 외쳤고, 그도 "아멘" "할렐루야"로 번갈아 화답했다. 태호는 잔잔히 웃고 있었다. 가지런한 치아가 돋보였다.

그가 죽음 앞에서 저토록 환한 웃음을 지으며 믿음을 고백할 수 있다니! 두영이는 다소 은혜를 맛본 사람이라 죽음을 뛰어넘는 신앙의 증거를 나타낸 것도 어느 정도 이해가 됐지만, 태호는 예수님을 믿는다곤 하나 아직 믿음의 세계에 깊이 들어오지 못한 상태로 그저 평범하게 생활해왔었다.

그런 태호가!

인정신문이 시작됐다.

그는 두 손을 무릎에 가지런히 모은 채 소장이 묻는 말에 또박또박 대답했다.

"법무부 장관의 명령에 따라 오늘 사형을 집행합니다."

소장이 무거운 어조로 선고하자 태호는 고개를 살짝 숙여 인사하며 밝은 표정으로 "네" 하고 대답했다. 정말 고운 얼굴이었다. 어떤 명배우도 저 표정을 만들어내진 못하리라.

임종예배를 드리고 작별인사를 나누었다.

이제 태호도 떠날 시간이다.

그는 마지막으로 유언을 남겼다.

"저는 어릴 때부터 범죄세계에 발을 디디고 죄가 뭔지도 모르고 살아오다가 이렇게 젊은 나이에 인생을 마치게 됐습니다. 처음엔 짐승처럼 살다가 짐승처럼 죽어버리겠다고 마음먹었지만, 이곳 서울구치소에 와서 사형이 확정되고 난 후 저는 너무도 소중한 분을 만났습니다…."

조용하면서도 거침없는 어조에 모든 이의 관심이 집중됐다.

"…그분은 바로 하나님이십니다. 그때부터 저는 남몰래 참 많이 울었습니다. 지금까지 제 손에 억울하게 죽은 분들을 위해 기도해 왔는데, 이제 하늘나라에 가면 그분의 유족들을 위해서도 기도하겠습니다."

말하는 그의 눈에 눈물방울이 그렁그렁 맺혔다.

"제 마지막 유언은, 서울구치소에 있는 모든 분들이 다 제가 만난 하나님을 만나고 나중에 천국에서 다시 한번 저와 꼭 만나자는 겁니다. 그곳에선 살인자 태호가 아니라 죄 없는 하나님의 아들로 여러분을 만나보고 싶습니다."

감격과 기쁨도 지나치면 이렇게 한없이 눈물이 흐르는 걸까?

나는 체면도 없이 헉헉 울기 시작했다. 어린애처럼 손등으로 눈물을 훔쳐내면서. 죄인을 구원하시는 하나님의 능력이 그저 감사해서 눈물은 하염없이 흘렀다.

세상 사람들이 도저히 믿지 못하는 하늘나라, 구원과 영생에 이르는 천국소망은 추상적인 개념이 아니다. 비참한 죽음을 눈앞에 둔 한 사형수의 입을 통해 그 나라의 실재가 이토록 아름답고도 분명하게 증명되지 않는가!

이 세상에선 마지막으로 희고 부드러운 그의 손을 맞잡았다.
"태호야, 잘 가."
"계장님, 고맙습니다."
극히 짧은 한마디 인사였지만 영원한 생명에 대한 확신을 확인하듯 우리는 서로의 눈을 뚫어지라 들여다보았다.

흰색 두건이 그의 얼굴을 덮었다.

두영이의 목에 걸렸던 밧줄이 이젠 태호의 목에 감겼다.

옆에 서 있던 누군가가 작별인사를 건네며 "태호야, 찬송해라" 하고 말했다. 그 말을 기다렸다는 듯 그가 찬송을 부르기 시작했다.

나 같은 죄인 살리신 주 은혜 놀라와
잃었던 생명 찾았고 광명을 얻었네

곁에 둘러선 신우회원들이 따라 불렀다.
우렁찬 찬송가 소리가 사형장 지붕을 날려버릴 듯했다.
어느새 우리는 손에 손을 맞잡고 여느 부흥회장보다 더욱 뜨거운 찬송으로 하나가 돼갔다. 두건 속의 태호 역시 목에 힘줄이 불끈 솟을 정도로 힘껏 노래했다.

이제껏 내가 산 것도 주님의 은혜라
또 나를 장차…

덜커덩!
태호는 죄악과 고통의 언덕을 넘어 사랑과 환희의 하나님나라로 갔다. 저 밑, 지하공간에 목이 매달려 흔들거리는 그를 내려다보며 밧줄을 중심으로 둘러선 우리 신우회원들은 더욱 목청이 터지도록 그가 못다 부르고 간 찬송을 대신 불렀다.

거기서 우리 영원히 주님의 은혜로
해처럼 밝게 살면서 주 찬양하리라

태호의 시신을 받아 옷을 갈아입히고 입관하는 동안 나는 줄곧 그의 뺨을 어루만져보았다. 홍조가 채 가시지 않은 솜털 보송보송한 뺨. 지금이라도 벌떡 일어나 크게 찬송을 부를 것만 같은 입.
"태호야, 니 유언대로 인제부터 니는 죄인이 아니대이. 사형수도 아니대이. 정말 한 점 티 없는 하나님의 아들이대이!"

_ 진작 사줄 것을!

태호의 뒤를 이어 용수가 사형장에 들어섰다.
그는 태호의 영향을 받아 하나님을 믿고 살던 녀석이었다. 덜렁거리긴 해도 심성이 참 밝아서 '저런 놈이 어떻게 그런 잔인무도한 죄를 저질렀을까' 하는 의구심마저 들 정도였다. 수갑 찬 손목이 너무 조여 아프다면서 "계장님, 쪼깨만 늦춰주면 쓰것는디요이" 하며 한쪽 눈을 찡긋할 때면 영락없는 철부지 장난꾸러기였다.
어느 날인가 마주 앉아서 내가 청송감호소에 근무할 때 있었던 일을 들려준 적이 있다. 하나님을 만나고 나니 흉악한 감호자들이 사랑스러워진 것과, 그들과 서로 용서를 구하며 얼싸안고 꿇어앉아 기도하던 이야기를 해주었다. 문득 눈을 들어 용수를 보니 울고 있었다.

그리고 며칠 후.
그에게서 나를 좀 만났으면 좋겠다는 연락이 왔다. 무슨 일인지 궁금해 달려가 보니 겸연쩍게 웃으며 부탁했다.
"계장님요, 나도 인자부텀 성경을 좀 열심히 읽어볼란디, 통 어려워서 이해가 안 돼요. 누가 그러는디 〈아가페 성경사전〉이 잘 돼 있다는디요, 그거 하나 사줄 수 있을랑가 모르것네요."
듣던 중 반가운 소리라 그 자리에서 흔쾌히 대답했다.
"사주고말고. 사줄 테니 니는 열심히 성경만 읽으면 되는 기라."
그렇게 약속하고 돌아왔는데 너무 바쁜 업무 속에서 그만 약속을 지키지 못한 채 꽤 시간이 지나고 말았다. 그러던 중 덜컥 사형집행명령이 떨어졌고, 생각지도 않았던 용수가 사형장에 올라오게 된 것이다.
가슴이 무너져내렸다.
그렇게 원하던 책을 진작 사다 줄 것을!

용수가 사형장 안으로 들어오는 게 보였다.
동행한 집사님들의 기도와 격려가 얼마나 뜨거웠던지 그의 얼굴은 이미 벌겋게 상기돼 있었다. 나중에 들은 이야기지만, 사형장 지하실 입구에서 용수와 신우회원들이 꿇어앉아 함께 기도하는 모습을 본 다른 교도관들은 큰 충격을 받았다고 한다. 죽음의 문턱에서도 흔들림 없는 저 절대적인 평안의 근원이 대체 뭘까?

얼굴을 아는 직원들이 눈에 뜨일 때마다 용수는 허리를 굽히며 정중히 인사했다.
"담당님, 그동안 고마웠어라. 신세도 못 갚고 죄송하요."
인사를 받은 직원들은 오히려 더 당황해하며 고개를 숙이거나 악수를 청했다.
용수의 유언도 앞서간 형제들과 크게 다를 바 없었다.
자기 같은 중죄인을 용서해주신 하나님께 감사한다고. 피해자들에게 정말 죄송하다고. 세상에선 벌레같이 살았는데, 오히려 서울구치소에 들어와서 처음으로 인간대접을 받아 보았노라고. 그래서 더욱 감사하다고….

덜커덩!
용수를 영원한 생명의 나라로 떠나보내는 우리의 찬송소리가 그 죽음의 소리를 집어삼켰다.

_아름다운 사형수 영희

　영희는 남편을 청부살인하고 수차례에 걸쳐 시어머니마저 살해하려 했던 여자 사형수였다. 내가 서울구치소에 처음 발령받아 왔을 때, 신우회원 중에서 누군가 여사(女舍)에 수용된 사형수 중에 영희를 꼭 만나서 신앙상담을 해달라고 부탁했다.
　그는 이 죄수가 구치소 안에선 보기 드물게 성령충만한 삶을 살고 있으며, 신앙열정이 특별해서 많은 사람에게 신선한 충격을 주고 있다는 설명을 곁들여가며 극구 칭찬했다.

　여사 사무실에서 처음 마주한 영희는 나이에 비해 참 앳돼 보였다. 단발머리를 하고서 내 앞에 앉은 얼굴이 너무 밝아 사형수라는 느낌이 전혀 들지 않았다.
　"언제부터 예수님을 믿게 됐심니꺼?"
　"살인죄로 체포되어 성동구치소에 수용됐을 때였어요. 끔찍한 죄를 짓고 붙잡혀 들어와 있으니 모든 게 절망이었죠. 자나 깨나 죽어버려야겠다는 생각뿐이었답니다. 그러니 직원님들 속을 얼마나 썩였겠어요."
　생글거리던 얼굴이 다소 굳어졌다.
　"그곳에 김정자 부장님이라는 분이 계셨어요. 아마 예전에 하나님을 믿으셨나 본데, 당시엔 신앙생활을 하지 않으신 것 같았어요. 늘 제게 관심을 가져주셔서, 제가 기회만 있으면 자살하려고 하는 걸 눈치채셨나 봐요."

"아, 김정자 주임… 나도 잘 압니더. 이젠 승진해서 주임이 됐지요."

그러자 금세 신명이 난 영희는 달변이 됐다.

"그런데 어느 날 식구통으로 성경책을 한 권 불쑥 넣어주시며 '영희야, 이거 읽어보고 정신 차려라. 쓸데없는 생각은 아예 버려야 한다. 알았지?' 하곤 제 손을 잡고 토닥이시는 거예요. 처음엔 대수롭잖게 넘겼어요. 그딴 성경책, 읽어보나 마나 다 그렇고 그런 소리 쓰여 있을 텐데…. 오로지 제 관심은 어떻게 죽어버리나 하는 것밖에 없었거든요."

"자살시도는 해봤심니꺼?"

영희가 까르르 웃었다. 나는 내가 말을 잘못 했나 싶어 흠칫했다.

"근데요, 장로님. 자살한다는 게 보통 어려운 일이 아니더라구요. 마음은 분명히 독하게 먹었는데 막상 죽으려니까 왜 그리 걸리는 게 많은지. '내일 죽자!' 하고 하루가 지나가고 '내일은 틀림없다!' 하고 또 하루가 지나고…. 나중엔 제가 생각해도 참 우습더라구요."

또 깔깔 웃는다. 전혀 가식 없는 웃음이었다.

"어느 날인가, 허탈한 마음으로 방 한구석에 쭈그리고 앉았다가 문득 성경책을 집어 들었어요. 그런데 그 책을 펼치는 순간 어디선가 강렬한 삶의 욕구가 치밀어 오르는 거예요. 얼마나 놀랐는지! 손에 땀이 줄줄 흐르도록 성경책을 꽉 움켜잡고 참 많이도 울었지요."

밝게 웃던 그녀의 눈에 금세 눈물이 방울방울 맺혔다.

나는 시선을 어디에 둘지 몰라 영희의 어깨너머로 창문 밖을 바라다보았다. 찬 겨울바람이 앙상한 나뭇가지를 이리저리 흔들어댔다. 그러나 내 가슴 속엔 화로같이 뜨거운 감사가 피어올랐다.

"그때부터 정말 신명나게 성경을 읽었지요. 죽으려고 마음먹었던 여자가 뭘 못하겠어요? 하나님이 은혜를 쏟아 부어주시는데 감당할 수 없더라구요. 게다가 저는 특별한 은사를 받았답니다. 아침에 일어나서 그날 부를 찬송가를 정하면 온종일 그 곡만 수백 번 불러요. 그러면 참 놀랍게도 찬송가의 가사와 곡조 하나하나가 기막힌 은혜로 저를 감싸오는 거예요. 저는 찬송 부르는 내내 울곤 했지요. 하나님의 사랑을 얼마나 크게 깨닫게 하시는지! 성경을 읽을 때도 참 신났어요. 하나님이 나를 사랑하신다는 걸 알고 나서부턴 성경책에 '사랑'이라는 말만 나와도 그냥 울어댔다니까요."

"나는 장로지만 영희 자매가 부럽심니더. 우째 그리 큰 은혜를 받았심니꺼?"

"장로님, 그뿐이 아니랍니다. 하나님의 은혜로 제가 노래도 만들었어요. 곡은 일반 찬양곡조를 빌었고 가사는 제가 지었죠. 구치소에 들어오는 여자들은 화투나 히로뽕 같은 걸 많이 해요. 그래서 그분들을 위해 노랠 만들었답니다. 한번 들어보실래요?"

여자 교도관들이 업무를 보고 있는 여사 사무실에서 느닷없이 노래를 하겠다고 하니 얼른 판단이 서질 않아 얼떨떨했다. 고참 여직원을 쳐다보니 괜찮다는 눈빛을 보내왔다.

"그라믄 어디 한번 들어 보입시더."

영희가 마주 앉았던 소파에서 일어나 조금도 주저함 없이 양손을 가슴께에 올리곤 박자에 맞추어 몸을 좌우로 흔들어댄다. 단발한 생머리가 고갯짓을 따라 찰랑찰랑 물결처럼 춤을 춘다. 영희는 노래를 시작했다.

우리 이제 고스톱을 끊어요 (차차차)

카바레도 끊어요 (차차차)

히로뽕도 끊어요 (차차차)

사이사이 자기 입으로 반주까지 넣어가며 고스톱 치는 모습, 카바레에서 춤추는 모습, 주사기로 팔뚝에 마약 맞는 모습까지 흉내 내며 발랄하게 춤을 추어댄다.

그 모습을 물끄러미 바라보고 있자니 이 여자가 남편을 살해하고 시어머니까지 죽이려 했다는 게 도저히 믿기지 않았다. 온몸으로 노래하는 그녀를 사무실의 다른 직원들이 바라보며 친밀한 미소를 보내는 것으로 보아, 평소에도 귀여움을 받으며 생활하고 있음을 알 수 있었다.

"이 노래를 부르면 온 방 사람들이 다 울어요. '사형선고를 받은 사형수도 저렇게 밝고 희망차게 사는데 우린 이게 뭔가?' 하는 생각이 드나 봐요. 그래서 이 노래가 참 인기랍니다. 우리나라 말을 전혀 못 알아듣는 외국인도 제가 이 노래를 부르고 율동을 하면 펑펑 울면서 저를 끌어안고 난리를 피운다니까요. 성령님이 그들의 마음에 감동을 주시는 것 같아요."

그랬다. 정말 성령께서 영희의 노래뿐 아니라 모든 삶에 함께하셨다.

기쁘고 감사한 마음으로 여사를 나왔다. 죄인을 불러 회개케 하려고 이 땅에 오셨다는 주님의 음성이 서울구치소에 쩌렁쩌렁 울리는 듯했다.

바로 그 영희가 지금 사형장으로 올라와 내 앞에 앉아 있다.

조용히 눈을 감은 채 깊은 생각에 잠긴 모습으로.

인정신문이 끝났다. 종교행사를 하겠느냐는 소장의 질문에 영희는 "네" 짧게 대답하곤 앉은 자세를 고쳐 예배가 끝날 때까지 무릎을 꿇고 있었다.

"유언을 남기겠습니까?"

소장이 묻자 영희는 고개를 들고 소장과 단상 위의 사람들을 사랑과 감사가 가득 담긴 눈빛으로 바라보며 최후의 유언을 남겼다.

"이 땅에 하나님의 나라가 속히 임하셔서 다시는 저처럼 악한 죄를 저지르는 사람이 없어지고, 이런 무서운 형벌도 사라지는 날이 오길 천국에 가서도 기도하겠습니다. 사탄에게 속아 이런 엄청난 죄를 저지른 죄인을 용서해주신 하나님께 정말 감사드립니다. 오늘 제가 이 땅을 떠나면 제 어린 남매는 부모를 다 잃은 고아가 되겠지요. 그러나 하나님 아버지께서 어린 것들을 잘 키워주실 줄 믿고 저는 하늘나라로 갑니다. 제 자식들을 생각해서 제가 가진 것을 전부 가난한 영아원에 보냈으면 합니다. 안녕히 계십시오."

차분한 어조로 유언을 마친 영희의 눈가에 물기가 번졌다.

"영희 자매님, 힘내요. 할렐루야!"

내가 큰 소리로 외쳤다. 내 목소리를 듣고 고개를 돌린 영희의 눈이 반가움으로 커졌다. 큰 눈망울이 더욱 아름답게 보였다. 잠시 나를 바라보던 영희가 큰소리로 외쳤다.

"장로님, 마지막으로 기도 한번 해주세요!"

나는 땀에 젖은 내 두 손을 맞잡고 간절한 마음으로 기도를 시작했다.

"하나님, 감사합니다. 사랑하는 딸이 오늘 짧은 인생 속에서 비참한 죄악으로 죽어야 할 처지에 이르렀으나, 우리 하나님 아버지께서 은혜를 베푸셔서 죄사함의 은총을 내리시고…."

그때 갑자기 영희가 큰소리로 다시 외쳤다.

"장로님! 제 머리에 안수해서 기도해주세요."

순간 당황했다. 지금까지 누군가의 머리에 손을 얹고 정식으로 기도해본 적이 없었기 때문이다. 뒷자리에 앉아 계신 목사님께서 고개를 끄덕이시며 '그렇게 하라'는 신호를 보내주셨다. 나는 떨리는 손으로 영희의 머리에 손을 얹었다.

이제 잠시 후면 이 세상에선 두 번 다시 만날 수 없는 사람. 비록 구원받아 하늘나라로 들어가겠지만, 그때까진 여자의 몸으로 처참한 죽음의 고통을 감당해야 하는 모습을 지켜보는 인간적인 애처로움이 컸다.

그래서 내 손은 떨려왔고, 심장은 손보다 더 세차게 요동쳤다. 기도를 시작하기도 전에 눈물이 그녀의 정수리 위로 후두둑 떨어져 내렸다.

"하나님, 사랑하는 딸이 주 안에서 얻은…."

그때였다. 마음 깊은 곳에서 강한 음성이 들려왔다.

'돌아서라! 뒤돌아서서 기도하라!'

저 먼 청송 땅에서 나를 만나주신 성령님께서는 삶의 긴박한 순간마다 어김없이 내면 깊은 곳에서 말씀해주셨고, 그것을 깨달을 수 있는 지혜를 주셨다. 그 주님이 지금 사형장 안의 이 절박한 순간에도 말씀하고 계셨다.

'돌아서서 기도하라!'

나는 영희의 머리에 손을 얹은 채 180도 방향을 바꾸어 섰다.

조금 전까진 단상이 내 등 뒤에 있고 밧줄과 사형수가 내 앞에 있었지만, 이제 돌아서고 나니 나는 영희의 등 쪽에 서서 밧줄을 뒤로 한 채 단상을 정면으로 보게 됐다. 그 상태로 눈을 감은 채 기도를 계속했다.

"하나님!" 하고 부르는 순간, 뜨겁고 강한 바람 같은 것이 내 입을 통해 마음속으로 폭풍같이 밀려들면서 기도의 욕구가 불타올랐다. 바위도 깨뜨릴 만한 힘과 용기가 솟구쳤다. 나는 한껏 목청을 높여 기도를 이어갔다.

"하나님! 사랑하는 이 딸은 살인이라는 엄청난 죄악으로 오늘 이곳에서 사형의 형벌을 받습니다만, 여기 모인 우리 모두는 이 딸이 지은 죄보다 더 큰 죄악들을 가슴에 품고도 그럴듯한 얼굴로 앉아 있는 것이 아닌지요! 삶과 죽음이 교차하는 이 절박한 순간에 과연 누가 죽어 마땅한 사형수인지 심각하게 자신들을 돌아보게 하옵소서!"

지금까지 이토록 담대하게 큰 소리로 기도해본 적이 없었다. 이것은 기도라기보다 절규에 가까웠다. 한 손은 영희의 머리에 얹고 다른 한 손은 어느새 앞으로 쑥 내밀어 단상을 향해 마구 흔들고 있었다.

"하나님! 이 사형장에서 누가 더 큰 죄인인가를 깨닫기 원합니다. 들킨 죄인과 들키지 않은 죄인의 차이일 뿐이니, 주여, 우리 모두를 용서해주시옵소서!"

눈물이 범벅된 채로 기도하던 중에 문득 현실적인 생각이 스쳤다.

'야, 이거 큰일났대이. 완전히 괘씸죄에 걸려들겠구만. 앞에 앉은 상관들을 향해 모두가 이 사형수와 똑같은 중죄인이라고 고함을 질러댔으니….'

그래도 어쩌랴.

기왕에 시작한 것이고, 더구나 성령님께 붙잡혀 순종했을 따름이니 오히려 배짱이 더 두둑해졌다. 그리고 뒤이어 놀라운 평화와 기쁨이 내 영혼을 뒤덮어왔다.

마침내 기도를 마친 후, 앞의 지휘관들이 어떤 표정을 짓고 있을까 궁금해 조심스레 눈을 떴다. 그런데 단상에 있는 거의 모든 사람이 울고 있었다. 손수건으로 눈물을 훔쳐내는 그들의 얼굴엔 겸연쩍어하는 모습이 역력했어도 숙연한 감정을 감추진 못했다.

그로부터 오랜 세월이 지난 지금도 나는 하나님의 영이 모든 사람의 마음에 이처럼 강력한 감동을 주시고 영광을 받으신 그 날의 감격을 잊지 못한다.

그것도 사형장에서!

영희는 그렇게 아름다운 신앙고백을 남기고 갔다.

복사꽃같이 해말간 웃음을 남긴 채.

인간의 천박한 애증에 끼어든 간교한 사탄의 계략에 말려들어 멸망의 구렁텅이에 빠졌으나, 지옥의 벼랑 끝에서 구원의 손길을 내밀어 영광의 하늘나라로 인도하신 하나님께서 영희의 아버지가 되셨으므로 우리는 그녀의 목매달림에도 초연할 수 있었다.

오히려 감사하며 하나님께 노래하고 또 노래할 뿐이었다.

영희가 하루에 수백 번씩 부르던 찬송 가운데 임하셨던 그 하나님께!

_슬피 울며 이를 갊이 있으리라

다른 종교를 믿는 사형수들의 최후에 대한 이야기를 할 때면 늘 마음에 부담이 생긴다. 하나님을 믿는 자와 그렇지 않은 자의 마지막 모습이 성경이 말씀하시는 그대로 하늘과 땅처럼 달랐기에, 간증을 마치고 나면 종종 시비를 걸어오는 사람이 있다.

"당신이 예수 믿으니까 기독교인들에 대해서만 좋게 말하고 종교가 다른 사람들은 악평하는 게 아니냐?"는 비아냥 섞인 질문도 듣곤 한다. 그때마다 나는 이렇게 대답한다.

"사실을 있는 그대로 전하기에도 내 표현능력이 부족해서 답답할 뿐인데, 뭣 하러 과장된 이야기를 해서 하나님 앞에 내신성적 깎일 짓을 하겠심니꺼?"

게다가 이 놀라운 하나님의 역사는 은밀한 장소에서 나 혼자 본 게 아니라 수많은 직원과 목사님·신부님·스님·검사·의사 등 여러 관계자들이 같은 시간, 같은 장소에서 함께 겪은 일이다. 지금까지 수십 년 세월 동안 국내외 수천 개 교회와 단체에서 간증해왔고, 사건현장인 서울구치소에서도 끊임없이 회자하는 이 이야기들은 한 점 거짓 없는 사실 그대로이므로 나는 늘 당당한 사명감으로 자랑스럽게 전한다.

그는 이미 삶을 포기한 듯했다.

진지한 모습이라곤 전혀 찾아볼 수 없었다. 가끔 입을 씰룩대며 계단을 걸어 올라온 그는 마지막으로 이렇게 말했다.

"사형선고를 받고 8년을 이곳에서 살았습니다. 내겐 너무 긴 시간이었습니다. 나를 좀 더 일찍 이 자리로 불러냈어야 했습니다. 매일 죽음을 기다리는 게 너무 두려웠습니다."

목에 밧줄이 걸려 어두운 지하실로 떨어져 내릴 때까지도 그는 하나님의 구원에서 너무 멀리 있는 사람이었다. 그때처럼 인간적인 동정심이 불일 듯 일어난 적은 일찍이 없었다. 눈앞에 보이는 모습은 말 그대로 '사형집행'일 뿐이었다. 오직 처참한 죽음만 있었다.

시멘트 바닥에 누워 있는 그의 시신을 수습하면서, 그에게 더욱 강력하게 복음을 전하지 못했던 우리 모두는 아픈 마음을 가누기 힘들었다. 조금 전 같은 장소에서 두영이를 비롯한 믿음의 형제들이 보여준 위대한 신앙고백을 이 사람도 할 수 있었더라면 얼마나 좋았을까 하는 아쉬움이 뼛속 깊이 사무쳤다.

한참 후 다른 여자 사형수 한 사람이 들어왔다.

조그만 체구에 깡마른 그 죄수는 직원들의 손에 이끌려 사형장 안으로 들어오기 전부터 울고만 있었다. 보통 음성보다 한 옥타브 높은 소리로 짤막짤막하게 목구멍으로 우는 그 울음은 정말 특이했다. 속 깊은 데서 솟아나는 슬픔의 눈물도 아닌 듯했고, 후회나 회개의 눈물은 더더욱 아니었다. 그가 가지고 있던 종교의 의식을 행하는 동안에도 쉼 없이 그렇게 울기만 했다. 유언도 한마디 없었다. 하얀 두건이 씌워지고 목에 밧줄이 걸릴 때까지도 그 처절한 울음은 계속됐다.

덜커덩!

엄청난 굉음과 함께 지하실 공간으로 그의 몸이 떨어졌다.

한 많은 곡성만을 이 세상에 남긴 채.

과연 그 눈물은 무엇을 뜻했는지 나는 지금도 몹시 궁금하다.

이들과 동행해온 신우회원들의 어깨가 축 처졌다.

앞서간 믿음의 형제자매들이 보여준 구원받은 자의 환희에 반해 허무하기 짝이 없는 두 사람의 죽음을 바라보며 허탈감에 사로잡힌 듯했다.

그 뒤를 이어 또 다른 불신자 한 사람의 집행순서가 됐다.

나는 그와 동행하는 교도관 집사님들에게 간곡히 부탁했다.

"예수 안 믿는 사람이라고 포기하믄 안 됩니다. 예수님 옆에 달린 강도가 마지막 순간에 '예수님, 저를 기억해주시이소'란 한마디로 천국행 막차를 탔잖심니꺼? 혹시라도 모르니 우리도 절대 포기하지 마입시더."

"맞아요. 끝까지 복음을 전해봅시다."

"복도를 걸어오는 동안 계속 귀에다 대고 '예수천당'을 외쳐야 합니더. 예수님만 믿으믄 어떤 죄를 지었어도 용서받고 하나님나라로 갈 수 있다는 걸 귀가 아프도록 알려줘야 합니더."

"예, 장로님. 우리 최선을 다해 볼게요."

신우회원들이 새 힘을 얻어 기쁜 마음으로 다음 사형수를 데리러 가는 뒷모습을 바라보며 나도 애절한 마음으로 기도했다.

'하나님, 한 영혼이 천하보다 귀하다고 하셨으니 곧 이 자리에 들어설 저 영혼을 구원해주시이소. 우리 집사님들이 전하는 복음에 능력을 부으시고 저 가련한 인생의 마음을 활짝 열어주시이소. 인생의 마지막까지 포기하지 않으시는 주님의 은혜를 간절히 바랍니다!'

지하실에서 사형장으로 올라오는 출입구 앞에서 나는 초조하게 서성댔다.

이제 곧 여기 들어설 이는 다른 사형수들보다 훨씬 나이가 많았다. 그는 자기 종교에 심취해 나름대로 그 방면에 일가견이 있는 사람이었다. 학문적으로도 제법 경지에 다다랐고 인격도 꽤나 닦인 사람이라 '도사님'이라는 별명이 붙을 정도였다. 언행도 점잖아서 "저런 사람이 어떻게 사형수가 됐을까?" 의구심을 자아냈다.

그러나 나는 알고 있었다.

아무리 학식이 뛰어나고 인격이 심오하며 수양이 도인의 경지에 이른 사람이라도 하나님의 영이 그 안에 없으면 한낱 껍데기에 불과함을. 하나님께서 붙들어주시지 않는 한, 이 무서운 사망의 공포를 이길 도리가 없음을.

그래서 더 초조했는지 모른다.

그에게 주어진 기회는 오직 몇십 분뿐!

그 시간 안에 그의 영원한 운명이 결정되는 것이다. 한 번 죽는 것은 사람에게 정하신 일이요, 그 후에는 심판이 있다고 하셨으니!

운명의 두 갈래 길에 서 있는 그 영혼이 너무나 안타까워 마른침을 삼키며 출입문을 뚫어지라 쳐다보고 있던 내 눈앞에 마침내 일행이 모습을 드러냈다. 혹시 주님을 영접했을까? 마지막 순간에 귀가 열려 복음을 조금이나마 깨닫진 않았을까?

그러나 내 간절한 소망은 그를 보는 순간 여지없이 무너지고 말았다. 첫눈에 봐도 그는 극심한 공포로 이미 혼이 나간 것 같았다. 온 얼굴이 일그러졌고, 제힘으로 걸음조차 걷지 못해 부축하는 직원들에게 질질 끌려오다시피 했다. 다리에 완전히 힘이 빠져서 계단을 올라올 때도 발등이 계단 턱에 덜거덕 덜거덕 부딪혔다.

계단을 다 올라와 길게 드리워진 밧줄을 본 순간 '허억!' 하며 주저앉는 그의 바짓가랑이 밑으로 오줌이 쏟아졌다. 인정신문을 받을 때도 이름과 생년월일 등 몇 가지는 간신히 대답했지만, 곧이어 묻지도 않은 말을 횡설수설 늘어놓더니 급기야 무지막지한 욕설을 쏟아내기 시작했다.

사형장 안을 휘몰고 지나가는 충격이라니!

다른 어느 사형수보다 점잖은 인격의 소유자라 인정받던 그가 최후의 순간에 보여준 모습은 정말 의외였다. 두서없이 이어지는 그의 말을 듣던 소장은 더 시간을 끌어봤자 별다른 변화가 없다고 결론짓고 집행명령을 내렸다.

사형대 위에서 두건이 머리에 덮이고 밧줄이 목에 걸리는 순간까지도 그는 누구를 향한 것인지 모를 원망과 욕설만 퍼부어댔다. 그는 그렇게 죽었다.

나는 사형장 천장을 바라보며 '예수의 이름' 안에서 역사하시는 하나님의 구원능력에 새삼 놀라움을 금치 못했다. 우리는 다 부족하고 어리석은 존재지만 우리 죄를 대신 지시고 피흘려 죽으신 예수님의 이름을 의지할 때 완전한 구원을 얻을 수 있는 것이다.

그러나 이 놀라운 하나님의 은혜를 절절히 깨달으면서도 사형집행의 마지막 순서가 다가올수록 내 마음은 점점 더 초조와 불안에 휩싸여갔다.

_죄인 오라 하실 때에 날 부르소서!

오늘 마지막으로 사형장에 올라올 사형수는 용필이었다.

그는 하마 같은 덩치에 고집은 황소라, 여간해선 남의 말을 듣지 않는 속수무책 유형이었다. 성격도 난폭해 같은 방에서 생활하는 수용자들이 혀를 내둘렀다. 기분이 별로 좋지 않은 날엔 식사를 하면서 자기의 대나무 젓가락을 슬슬 쓰다듬으며 말한다.

"꿈자리도 뒤숭숭하고 짜증이 슬슬 나는데 오늘 밤에 이 젓가락으로 아무 놈이나 눈알을 콱 파버릴까 부다. 그럼 재판 끝날 때까진 사형집행이 연기될 텐데…."

징그러운 웃음을 날리며 젓가락을 쓰윽 만지는 그의 느물대는 모습은 마귀와 다를 바 없었다. 직원들에겐 골칫덩이요 동료들에겐 애물단지라, 드러내놓고 말은 못 해도 다들 속으로 '귀신도 정신 나갔지, 저런 인간을 빨리 안 잡아가고 뭣하나' 탄식할 정도였다.

나는 용필이와 자주 상담했다.

그는 세상을 그야말로 자기 멋대로 살아온 사람이라 정상적인 심성이 전혀 통하지 않았다. 진실성도 없고 오직 생을 포기한 사람 특유의 비뚤어진 오기가 전부였기에 대화를 나누기 어려웠다. 나는 여러 번 스스로 다짐했다.

'꾸준히 애정을 가지고 만나야 한다. 주님은 한 영혼이 천하보다 귀하다고 하지 않으셨던가.'

어느 날 나는 지금까지 해왔던 대화 분위기를 바꾸어 짐짓 장난스러운 말투로 그에게 접근했다.

"야, 용필아, 니는 예수님 안 믿으믄 두 번 죽는대이. 이게 무신 말인지 아나? 넥타이공장(재소자들이 사형장을 일컫는 은어)에서 한 번 매달려 죽는 거보다 지옥불에 떨어지는 게 더 고통스러운 기라."

그가 피식 웃는다.

"히히, 계장님. 그런 소리 맙시다. 누가 죽어봤나요? 괜히 쓰잘데기 없는 공갈치지 마쇼. 그런 게 어디 있다고 그래요?"

"용필아, 나도 예전엔 니같이 무식한 소릴 해댔지만 진짜로 하나님이 살아계신 걸 내가 확인했대이. 그러니 니도 인제는 꼭 예수님을 믿고 구원받아야 한다 말이다. 알겠나?"

"나까지 환자 만들려고 그래요? 그 따위 짓은 배부르고 속 편한 사람들이나 하는 거지 우리하곤 관계 없수다!"

그에겐 남의 속을 부글부글 끓이는 특이한 재주가 있었다.

'옛날 성질 같았으면 그냥 한주먹에 요절냈을 낀데' 하는 마음이 목구멍까지 치밀었지만, 그래도 참아야지.

한 영혼이 천하보다 귀하니!

"용필아, 니 예수님만 믿으믄 내가 좋은 집사님 소개해 주께. 마음도 좋고 돈도 많은 분이야. 일주일에 한두 번씩 맛난 것 잔뜩 사서 면회도 오시고 니한테 도움도 많이 줄 끼다. 그러니 예수님만 믿겠다고 하믄 된다 말이다."

이런 말 저런 말로 여러 번 달래다 보니 조금씩 녀석의 마음이 변하는 것 같았다. 어느 날 결국 그는 이렇게 말했다.

"계장님이 그토록 간곡히 말씀하시니 예수 믿는 거 한 번 고려해 보지요, 뭐."

나를 꽤나 생각해주는 듯 잔뜩 생색을 냈다. 그러나 나는 그 말이라도 들은 게 너무 기뻐서 하나님께 감사드렸다.

'주님, 저 엉터리 같은 인간의 입에서 그나마 예수님을 믿어보겠다는 말이 나온 것만 해도 어딥니꺼. 꼭 믿음의 사람으로 성장시켜주이소.'

그런데 이일 저일로 바빠서 그에게 다시 복음의 핵심을 제대로 알려줄 기회도 없이 용필이가 그만 오늘 사형장으로 불려 나오게 된 것이다. 나는 억장이 무너지는 듯해 하나님께 원망 어린 투정을 부렸다.

'주님, 너무 하십니더. 아직 아무것도 모르는 저 녀석을 이렇게 빨리 부르시면 우짭니꺼. 다만 몇 달이라도 시간을 주셨으면 최소한의 신앙이라도 준비시켰을 낀데예. 저대로 지옥불로 떨어지면 어떡합니꺼!'

나는 그를 데려오려고 출발하는 신우회원들에게 거듭 당부했다.

"집사님들요, 알다시피 용필이는 믿음이 거의 없심더. 절대로 그냥 오지 말고 우짜든지 꼭 복음을 전해야 합니더. 복도 끝에 앉아서 사영리라도 읽어주면서 예수님을 구주로 고백할 수 있도록 해야 합니대이!"

집사님들은 그러겠노라고 입술을 굳게 깨물며 출발했다.

사형장 계단 입구를 서성이며 그들을 기다리는 동안 애절한 기도가 터져 나왔다.

'잃어버린 한 영혼을 지극히 사랑하시는 주님, 우리 용필이는 비록 아직 믿음의 뿌리는 없지만 그래도 자기 입으로 "예수님을 믿어 볼랍니다" 하고 약속했지 않십니꺼? 성경말씀에 누구든지 주의 이름을 부르는 자는 구원을 얻는다 하셨는데, 그럼 용필이도 그 말 한마디 고백한 것을 어여삐 보시고 꼴찌구원이라도 허락해주이소. 주님, 용필이를 꼭 살려주셔야 합니더!'

숫제 생떼를 쓰며 기도하는데 어느새 용필이 일행이 계단을 올라오고 있었다. 그의 얼굴이 내 눈에 크게 들어왔다.

세상에! 앞서간 불신자들보다 더 기막힌 모습으로 나타난 용필이.

완전히 맥이 풀린 다리는 마치 인형 다리처럼 덜렁거렸다. 극심한 두려움에 자율신경도 기능을 잃은 듯 안면근육이 이상하게 뒤틀려 있고, 비틀린 입에선 침까지 줄줄 흘러내렸다.

죽음의 공포에 사로잡힌 그의 눈동자를 가까이에서 들여다보는 순간, 그 눈 깊은 곳에 자리 잡은 사탄의 그림자가 비치는 듯했다. 용필이의 동공은 이미 초점을 잃어 사물도 잘 구별하지 못했다. 바로 그의 앞에서 손을 잡고 큰 소리로 불러도 나를 알아보지 못할 정도였다.

　인정신문을 시작했으나 절차 진행이 잘 이루어지지 않았다.
　그는 밧줄이 있는 곳을 향해 고개를 홱 돌리기도 하고, 일그러진 얼굴로 무슨 말인지 알아듣지 못할 소리를 중얼대기도 했다. 한참 이 말 저 말 해대던 그가 무슨 말끝에 "하나님"이라는 소리를 불쑥 내뱉었다. 순간, 기대감으로 내 눈이 휘둥그레졌다. 혹시라도 하나님을 믿는다는 말이 나올까 싶어 기다리는 애절한 내 마음을 그러나 비웃기라도 하듯, 그의 횡설수설은 더욱 도를 더해갔다.
　전후사정을 살펴보던 소장은 더 이상의 절차가 무의미하다고 판단해서 집행명령을 내렸다. 담당직원들은 기다렸다는 듯 달려와 용필이의 양팔을 끼고 밧줄 밑으로 끌고 갔다. 기나긴 사형집행의 심적 고통에서 빨리 해방되고 싶은 마음이었으리라. 아무리 법에 따른 절차라 해도 다른 사람의 생명을 끊어야 하는 일에 어찌 괴로움이 없으랴.

　끌려가는 용필이의 얼굴도 처참함으로 치달았다. 희미하게나마 남아 있던 의식 속에서 '이제 정말 죽는구나'라는 생각이 들자 완전히 넋이 나간 것 같았다. 그 가련한 표정을 안타까이 바라보며 뒤를 따라가는 것 말고는 내가 달리 할 수 있는 일이 없었다.

그런데 밧줄 밑에 거의 다다랐을 무렵, 내 마음 깊은 곳에서 벽력같은 말씀이 울렸다.

"그냥 보내면 안 된다! 절대로 그냥 보내지 마라!"

오래전 청송감호소에서 하나님을 만난 직후, 영호 앞에서 "땅바닥에 꿇어앉아라" 말씀하셨던 바로 그 음성이었다. 내 영이 즉각 화답했다.

'맞아, 절대 그냥 보낼 수 없어! 한 영혼이 천하보다 귀한데!'

그 순간 나는 반사적으로 용필이를 향해 서너 걸음을 뛰었다. 거의 밧줄 아래까지 다다른 그를 가슴에 끌어안고는 옆에서 팔을 끼고 있는 직원들을 향해 외쳤다.

"이 팔 좀 놔보소! 이 팔 좀 놓으소!"

나는 그들을 용필이에게서 떼어놓고, 그를 품에 안은 채로 몸을 빙그르르 돌려 단상에 앉은 소장을 향했다. 서로 눈이 마주쳤다. 나는 애원하기 시작했다.

"소장님, 시간을 쪼금만 주이소. 잠시믄 됩니더. 이대론 그냥 보낼 수가 없심니더! 소장님! 쪼금만 시간을 주시이소, 예?"

이미 집행명령이 내려졌으니 번복은 거의 불가능함을 잘 알았지만 용필이의 영혼을 생각하면 이것저것 가릴 처지가 아니었다.

한참 동안 나와 용필이를 번갈아 보던 소장이 마침내 허락했다. 지금까지 예수 믿는 사형수들의 아름다운 최후를 지켜보고 감동한 그의 마음이 열린 것이리라.

나는 밧줄 바로 밑에까지 갔던 용필이를 다시 앞자리로 데려와서 신우회원들을 모두 불러 모았다.
"용필이가 믿음이 없심니더. 그러나 우리 마지막으로 한 번 더 간절히 기도해보입시더. 하나님께서 응답하실 때까지 힘껏 기도합시다."
내 말이 떨어지자마자 옆에서 그를 애타게 바라보고 있던 교도관 집사님들이 우르르 덤벼들었다. 어떤 이는 용필이의 팔을 잡고 늘어졌고, 또 다른 사람은 다리를, 또는 허리를 부여잡은 채 큰소리로 기도하기 시작했다. 그것은 기도라기보다 몸부림에 가까웠다. 너무나 기가 막힌 그의 모습에 우리 모두 억장이 무너지는 아픔을 느꼈던 것이다.
"엉엉, 용필아! 용필아!"
"하나님! 하나니이임!!"
"주여! 주여!!!"
십여 명의 신우회원들이 그를 둘러싸고 각양각색의 모양으로 울부짖는 모습은 처절했다. 짧은 시간에 목청껏 외치다 보니 몇몇은 잠겨버린 목으로 그저 꺼억꺼억 흐느끼기만 했다. 나도 용필이의 머리를 가슴에 바짝 끌어당겨 안고서 소리쳐 간구했다.

"오, 하나님! 이 영혼을 불쌍히 여겨주셔야 합니더! 이대로 그냥 보내믄 어떡하란 말입니꺼? 육신으론 실패한 인생이어도 영으로는 살아야 할 거 아입니꺼? 용필이를 구원해주시이소!"

울부짖으며 기도하던 내 마음에 오기가 솟구쳤다.

'그래, 좋다. 이제 용필이는 우리 꺼다. 하나님이 응답해주시기 전엔 죽어도 안 놔줄 끼다. 밤이 새 봐라 놔주는가. 억지로 끌고 가서 목 매달아 죽이믄 우리 모두 같이 매달려 떨어지믄 될 거 아이가!'

그러나 그것은 어디까지나 내 욕심일 뿐, 현실적으론 이제 곧 법에 따라 그를 죽음에 내주어야 하고 그는 가장 비참한 모습으로 이 땅을 떠나야 한다. 용필이의 구원을 향한 내 불타는 갈망과 냉혹한 현실의 커다란 틈을 메울 수 있는 건 아무것도 없었다.

그저 울 수밖에. 마냥 기도할밖에!

5분…
10분.
시간은 그렇게 흘러갔다.

그런데 참 이상하게도 상당한 시간이 지났지만 '그만하라'는 소장의 제지도, 직원들의 독촉도 없었다. 모두 고압전기에 감전된 듯, 넋 나간 용필이를 벌떼처럼 둘러싸고 울부짖는 우리를 물끄러미 바라보고만 있었다.

　답답했다.

　언제까지 이 상황이 계속될 것인가.

　어떻게 이 기도를 마무리해야 하는가.

　우리는 이미 기진맥진했다.

　기적이 일어난 건 바로 그때였다.

　죽은 해삼처럼 축 늘어져 있던 용필이가 몸을 꿈틀댔다. 기도하며 울부짖던 우리는 그의 갑작스러운 움직임에 멈칫했다. 그가 천천히 자리에서 일어나기 시작했다. 반쯤 일어서더니 수갑 찬 두 손을 힘겹게 허공을 향해 치켜든 채 첫 마디를 외쳤다.

　"주여!"

　기절할 듯 놀라운 부르짖음이었다.

　그의 영혼이 너무나 가엾어 몸부림치며 기도하긴 했지만 그가 이렇게 극적으로 주님을 부르리라곤 기대하지 못했다.

　우리는 얼마나 믿음 없는 사람들인가!

　"주여! 이 죄인을 받아주셔서 감사합니다! 주여, 이 죄인을 용서해주셔서 감사합니다!"

　용필이는 힘차게 몸을 일으키며 천둥처럼 외쳤다.

그의 두 눈에선 눈물이 폭포같이 쏟아졌다.

쉽게 이해되지 않는 이 돌변한 상황 앞에서 얼핏 '아, 드디어 용필이가 돌아버렸구나. 그렇게도 겁을 집어먹더니 결국은 정신이 나간 게로구나' 하는 생각마저 들었다. 공포로 완전히 공황상태가 된 그가 열광적으로 기도하는 신우회원들의 소리에 도취해 자신도 모르게 광적으로 주님을 찾는 줄만 알았다.

용필이는 다시 외쳤다.

"주여! 이 죄인을 용서해주셔서 감사합니다! 주여! 이 죄인을 받아주셔서 감사합니다!"

그는 이제 감정이 조금 절제가 되는 듯 눈물을 닦고 천천히 고개를 돌려 우리를 쳐다보았다. 그의 얼굴은 조금 전까지의 나약한 얼굴이 아니었다. 그보다 먼저 이 땅을 떠난 믿음의 형제자매들과 전혀 다를 바 없는 담대하고도 평화롭게 빛나는 얼굴이었다.

오, 주님!

우리 평생 두 번 겪기 힘든 이 놀라운 구원의 기적을 이토록 생생히 보여주시다니요! 모두가 할 말을 잃어버렸다.

용필이는 다시 눈물을 쓰윽 닦더니 옆에 서 있던 신우회원의 손을 붙잡으며 인사했다.

"부장님, 고맙습니다. 안녕히 계세요."

의외의 모습에 얼떨떨함을 감추지 못하던 집사님이 더듬거리며 대답했다.

"그, 그래, 용필아. 잘 가!"

"주임님도 잘 계세요."

"그래, 용필아… 으흐흑!"

잠시 끊겼던 집사님의 울음이 다시 이어졌다. 자신을 둘러싼 사람들과 담담히 하직인사를 나누는 이 사형수의 모습을 보고 지휘부에 앉은 이들도 눈이 휘둥그레졌다. 한참 동안 여러 직원과 인사를 나누던 용필이의 시선이 소장에게 머물렀다.

"소장님, 정말 고맙습니다. 부디 만수무강하시고 승진도 하셔서 우리처럼 불쌍한 사람들을 많이 도와주시기 바랍니다. 안녕히 계십시오."

몸을 반쯤 의자에서 일으켜 인사를 받던 소장이 기어이 나지막하게 흐느끼며 손수건으로 얼굴을 가렸다. 사형집행의 최고 지휘관을 오히려 진심으로 축복하는 사형수의 모습 앞에선 장승이라도 울지 않을 수 없으리라.

게다가 그는 조금 전까지만 해도 죽음의 공포에 짓눌려 비참하게 떨던 나약한 사형수가 아니었던가? 그런데 무엇이 저를 순식간에 저토록 다른 사람으로 바꿔놓았단 말인가?

하나님! 살아계신 하나님만이 하실 수 있는 일이다!

신앙 없는 그들이 이 신비로운 하나님의 역사를 다 깨닫진 못했을 터이나, 눈앞에서 벌어지는 상상을 초월하는 이 사건의 배후에 어떤 절대적인 힘이 작용한다는 것과, 그 힘의 근원이 바로 하나님이심을 인정하지 않을 수 없으리라.

다시 자기 자리로 돌아온 용필이가 내 손을 힘있게 잡고 인사했다. 그의 얼굴은 해처럼 환했다.

"용필아. 먼저 가거라. 우리도 머잖아 갈 거니까… 천국에서 다시 보자."

"예, 계장님. 하늘나라에서 만납시다요. 신세 지고 갑니다."

애틋하면서도 감격에 겨운 마음으로 용필이와 마지막 대화를 나누던 그때였다.

그의 손을 잡고 있던 내 손에 백만 볼트의 전류가 흐르는 듯한 충격이 전해졌다. 이게 뭐지? 너무 놀란 나는 용필이의 얼굴을 쳐다보았다. 그의 온몸이 엄청난 권능에 휩싸여 마구 떨리고 있었다. 아, 이것이 바로 말로만 듣던 '성령의 불같은 임재'로구나!

성령충만함으로 그의 몸은 건드리기만 해도 펑 터질 것 같았다. 허공을 향해 고개를 든 그의 두 눈에 주체할 수 없는 눈물이 또다시 흘러내렸다. 사랑의 하나님께서 이 불쌍한 영혼에게 성령을 물 붓듯 부어주시니 어찌 울지 않고 배길 수 있으랴.

그가 참으로 부러웠다. 나도 아직 체험해보지 못한 그 황홀한 영적 희열을 온몸으로 누리던 그가 다시 두 손을 높이 들고 외치기 시작했다.

"주여! 이 죄인을 받아주셔서 감사합니다. 주여! 이 죄인을 용서해 주셔서 감사합니다!"

환희 가득한 표정과 우렁찬 목소리로 주님을 부르는 그는 더 이상 비참한 사형수가 아니었다. 그 가슴 벅찬 모습을 나는 말로 다 표현할 수가 없다. 목청을 높여 몇 번 더 주님을 부르던 용필이가 갑자기 찬송하기 시작했다.

인애하신 구세주여! 내 말 들으사
죄인 오라 하실 때에 날 부르소서
주여! 주여! 내 말 들으사
죄인 오라 하실 때에 날 부르소서

순간 나는 깜짝 놀랐다.

내가 아는 용필이는 찬송은커녕 간단한 기도조차 못 하는 사람이었다. 이 놀라운 반전을 어찌 사람의 머리로 헤아릴 수 있을까! 두 번 세 번 반복해 부르는 그의 찬송은 이제 우리 모두의 마음을 모은 합창이 되어 사형장 안에 우렁차게 울려 퍼졌다.

나는 지금도 몹시 궁금하다. 예수님에 관해 아무것도 모르던 그가 어떻게 그 찬송가를 알았을까? 평소에 어디선가 어깨너머로 들어서 배웠을까? 아니면 사형집행 직전에 충만하게 임하신 성령께서 그의 전 존재를 지배하시는 순간 입에 넣어주신 걸까? 나중에 천국에서 용필이를 만나면 꼭 물어보고 싶다.

나는 그와 나란히 서서 목이 터지라 찬송하며 다시 그의 얼굴을 쳐다보았다. 이미 죽음을 초월한 구원의 감격이 그의 전신을 휘감고 있음을 분명히 알 수 있었다. 인간으로서 마땅히 두려워 떨 수밖에 없는 사망의 공포가 위대하신 하나님의 평안에 완벽히 제압당한 모습을 눈앞에서 볼 수 있다는 건 엄청난 특권이었다.

서너 번째 '인애하신 구세주여'를 부르던 그가 드디어 하늘에서 부어지는 충만한 기쁨을 이기지 못했던지 두 손을 공중에서 좌우로 흔들며 덩실덩실 춤을 추기 시작했다.

주여! 주여! 내 말 들으사
죄인 오라 하실 때에 날 부르소서

용필이가 찬송하며 그 곡조에 맞추어 너울너울 춤을 추었다.

사형장의 음산한 기운도 그의 환희를 막지 못했다.

드리운 밧줄의 위압도 위대한 성령충만의 춤사위 앞에선 힘을 잃어버렸다. 참으로 기묘하고도 아름다운 장면이었다. 빗줄기처럼 쏟아지는 눈물, 그러면서도 해같이 밝고 확신에 가득 찬 얼굴, 나 같은 죄인을 받아달라며 주를 부르는 힘찬 찬송, 그리고 나비의 날갯짓처럼 자유로운 그의 춤….

완전히 압도당한 채 그를 쳐다보고 있던 신우회원들이 무엇에 끌린 듯 하나 둘 용필이의 주위로 모여들었다. 눈물로 범벅이 된 우리는 어느덧 한 덩어리가 되어 사형장 밧줄 밑에서 두 손을 높이 쳐들고 목청껏 찬송을 부르며 사형수와 함께 덩실덩실 춤을 추었다.

이 광경을 보고 비웃는 사람은 아무도 없었다. 오히려 이 땅에서 천상의 세계를 목격하는 듯한 신비로운 기운에 휩싸였다. 평소 예수 믿는 사람들을 손가락질하며 노골적으로 전도를 방해하던 몇몇 교도관들이 여기저기서 무릎을 꿇고 앉아 서로 손을 맞잡은 채 눈물짓는 모습도 눈에 띄었다.

집행시간이 됐다.
이제 용필이는 그 누구보다 당당했다.
오만이나 치기가 전혀 섞이지 않은, 영생의 기쁨을 맛본 자만이 가질 수 있는 담대한 모습으로 그는 밧줄 밑을 향해 걸음을 옮겼다. 그리고 흰 두건이 덮이고 목에 밧줄이 걸리는 내내 흔들림 없는 소리로 찬송을 불렀다.

　죄인 오라 하실 때에 날 부르소서…

그의 마지막이 임박했음을 직감한 내가 외쳤다.
"용필아, 잘 가!"
"계장님, 이 은혜는 천국 가서도 잊지 않고 꼭 갚을게요!"
그 말이 끝나자마자 '덜커덩' 하며 널빤지가 지하실을 향해 뚝 떨어지고 그의 모습이 시야에서 사라졌다.
일순간 사형장 안을 짓누르는 정적.
온 세상이 멈춘 듯했다.
적막한 사형장에 움직이는 것이라곤 삐거덕거리며 천천히 좌우로 흔들리는 긴 밧줄뿐. 하나님의 살아계심과 구원하심이 모호한 이론이 아니라 생생한 현실로 증거되는 이 엄숙한 순간을 영원히 세상에 선포하듯, 밧줄은 괘종시계의 추처럼 완만히 흔들리고 있었다.

그가 부르던 찬송가의 여운도 끊겼다.
하나님의 영에 사로잡혀 기쁨으로 추던 춤도 끝났다.
짧은 인생 속에 곰팡이처럼 들러붙어 있던 추악한 죄악도, 사형수라는 저주스러운 이름도 사라졌다.

이제 용필이에겐 새로운 삶이 열렸다!

우리는 늘 영원히 살 천국이 있다는 말을 들으면서도 확신 없는 신앙의 길을 걷고 있지는 않은가. 잘 믿기지 않는 하나님나라를 부담스러워하며 살아가진 않는가. 용필이는 최후의 10분을 통해 믿음 없는 이 세대에게 하나님의 실재와 구원의 실상을 똑똑히 보여주었다.

살아계신 주님!

우리의 기도를 들으시는 주님!

용필이마저도 포기하지 않으시고 구원해주신 주님!

쏟아지는 눈물을 닦을 겨를도 없이 나는 사형장 바닥에 꿇어앉아 영광의 주님을 찬양하기 시작했다. 부족한 모습이지만 '나는 하나님의 자녀요 구원의 백성'이라는 사실이 너무도 감사했다.

그날 나는 사형장에서 또 한 번 태어났다.

눈에 보이고 손으로 만져지는 세계만이 전부인 줄 알고 살던 미련한 내 영혼이 살아계신 하나님을 만난 이후, 천국의 문으로 바뀐 이 사형장에서 깊고 부유한 믿음의 세계를 온몸으로 체험하며 다시 한 번 거듭나게 됐다.

믿음의 결국, 곧 영혼의 구원을 받음이라 _베드로전서 1:9

죽은 자를 살리시는 생명과 부활의 하나님!
영원히 홀로 찬송과 영광을 받으소서! 아멘.

책을 닫으며

간증은 아직 끝나지 않았습니다.

15척 높은 담장 속에선 오늘도 수많은 재소자들이 죄명을 번호표에 담은 채 달력 위에 가위표를 하며 살아갑니다. 시간을 죽이고 세월을 깨는 것이 유일한 낙이라고 말하는 그들.

우리는 그들을 '도둑놈, 흉악범, 범법자, 사형수, 인간쓰레기'로 정죄하고 판단해 왔지만 사형장은 그렇게 결론 내리지 않습니다.

오히려 사형장은 우리에게 묻습니다.

과연 저들만이 죄인인가?

굵은 밧줄에 목매여 몸부림치며 죽어간 저들만 사형수인가?

로마서 1장 29~32절에 따르면 하나님의 법정에서 죄인으로 판결

받는 사람들은 총 21가지 부류입니다. 불의, 추악, 탐욕, 악의가 가득한 자, 시기, 살인, 분쟁, 사기, 악독이 가득한 자, 수군수군하는 자, 비방하는 자, 하나님께서 미워하는 자, 능욕하는 자, 교만한 자, 자랑하는 자, 악을 도모하는 자, 부모를 거역하는 자, 우매한 자, 배약하는 자, 무정한 자, 무자비한 자입니다.

세상 법정에선 각기 지은 죄의 경중에 따라 처벌의 강도가 달라집니다. 그러나 탐욕, 교만, 자랑, 수군수군하는 죄 등은 아예 처벌대상이 되지도 않습니다. 하지만 엄위하신 하나님의 재판정에선 모든 죄가 동일하게 취급되며, 각 죄목에 대한 선고형량은 오직 하나뿐입니다.

사형!

더욱이 이 재판은 항소심도, 상고심도, 재심도, 비상상고도 허용되지 않는 철저한 단심이며, 선고와 동시에 확정돼버리는 무서운 판결입니다. 억울하다고, 형평에 어긋난다고, 상식에 맞지 않는다고 아무리 항의해도 소용없습니다. 우주만물의 주인이시며 재판장이신 하나님께서 정해놓으신 '법'이 그렇기 때문입니다.

그러므로 우리 모두는 어쩔 수 없는 '사형수'입니다. 가슴에 붉은 죄수번호를 달고 죽음을 기다리는 저들만 사형수가 아니라 우리가 다 사형수일 수밖에 없는 것입니다.

그렇습니다. 우리는 사형수입니다.

무한한 권력을 손에 쥔 자도, 세상 재물을 마음껏 주무르는 자도 아침에 눈을 뜨면 어김없이 자기 얼굴 앞에 밧줄이 덜렁거리고 있음을 알지 못한 채 살아가는 무지한 사형수들임을 부인할 수 없습니다.

언제 우리에게 집행명령서가 날아들지 모릅니다.

이 무서운 사형선고 앞에서 우리는 모두 진지하게 자신을 돌아보고 영적으로 깨어나 새로운 결단을 해야 합니다. 사형장에서 일어난 놀라운 일들이 그것을 웅변하고 있지 않습니까?

수많은 철학과 종교가 그토록 힘써 삶과 죽음의 문제를 해결하려고 노력해 왔지만, 죽음을 이기는 생명의 신비에 관해 다른 그 무엇이 이보다 더 명쾌한 답을 줄 수 있을까요!

"제가 만난 하나님을 믿으시기 바랍니다."

"천국에서 다시 만납시다."

사형장 밧줄 아래서 가장 비참한 인생 최후의 순간을 맞으면서도 해처럼 밝은 모습으로 외쳤던 사형수들의 이 한 마디야말로 구원과 영생에 관해 세상 어디에서도 들을 수 없는 완벽한 해답입니다.

이 놀라운 고백들을 남기고 그들은 떠났습니다.

성경에 약속된 대로 그들은 천국에서 '허다한 증인들과 함께' 아직 이 땅에 남아서 믿음의 경주를 하는 우리를 내려다보고 있을 것입니다.

저들이 온몸으로 보여준 아름다운 신앙고백을 우리가 주님이 다시 오시는 날까지 이어가야 하지 않겠습니까? 이것이야말로 이 간증을 읽은 여러분에게 부여된 영광스러운 책임입니다.

그런 의미에서 이 간증은 끝나지 않았습니다.

이제 또다시 새로운 시작입니다!

죄악의 무덤을 향해 생명의 나팔소리가 울려 퍼집니다.

세상이 구제불능이라고 선언한 사형수들이지만 그들이 '주 예수'의 이름을 불렀을 때 하나님의 놀라운 구원을 선포하는 나팔이 됐습니다.

하나님의 존재여부에 대한 시비는 이로써 끝났습니다.

하나님은 인간의 머리로 만들어낸 허구의 신이 아닙니다.

신학과 교리 속에 갇혀 있는 추상적인 존재도 아닙니다.

그러므로 아직 이 땅에서 살아가는 동안 우리가 해결해야 할 문제는 단 하나입니다.

아직도 하나님의 살아계심을 의심하십니까?

그렇다면 눈을 크게 뜨고 지금까지 제가 보여드린 사형장을 주목

하십시오. 그곳에서 뜨겁게 증명되는 실존의 하나님을 만나십시오.

예수님을 구주로 모셨습니까? 잘하셨습니다.

'예수'라는 이름 안에서 일어난 위대한 일들을 기억하십시오.

참혹한 죽음을 완벽히 극복하시고 사형장을 오히려 천국의 문으로 바꾸시는 예수 그리스도를 붙드신 여러분은 정말 잘하셨습니다.

우리도 언젠가는 다 죽음을 맞이합니다.

모두 천국에서 만납시다!

오늘 여러분과 나눈 간증의 주인공들이 천국문 앞에서 환하게 웃으며 반겨줄 것입니다. 우리 한 사람도 빠짐없이 그곳에서 만납시다.

이 놀라운 구원의 복을 주시는 예수 그리스도를 더욱 열심히 전하여, 사형장 밧줄 앞에서 아름다운 신앙의 모습을 남기고 떠나간 사형수 형제자매들 앞에 부끄럽지 않은 삶을 우리도 살아갑시다!

주 예수의 은혜가 모든 자들에게 있을지어다. 아멘 _요한계시록 22:21

하나님은 당신도 고치실 수 있습니다!